臺灣歷史與文化 研究輯刊

九 編

第 11 冊

南投道教寺廟研究
——以竹山等四鄉鎮爲範圍

張 雅 字 著

花木蘭文化出版社

國家圖書館出版品預行編目資料

南投道教寺廟研究——以竹山等四鄉鎮為範圍／張雅字 著——
初版 — 新北市：花木蘭文化出版社，2016〔民 105〕
目 6+146 面；19×26 公分
（臺灣歷史與文化研究輯刊 九編：第 11 冊）
ISBN 978-986-404-479-5（精裝）
1. 寺廟 2. 道教 3. 南投縣
733.08   105001810

ISBN-978-986-404-479-5

9 789864 044795

臺灣歷史與文化研究輯刊
九 編 第十一冊   ISBN：978-986-404-479-5

南投道教寺廟研究
——以竹山等四鄉鎮爲範圍

作 者　張雅字
總 編 輯　杜潔祥
副總編輯　楊嘉樂
編 輯　許郁翎
出 版　花木蘭文化出版社
社 長　高小娟
聯絡地址　235 新北市中和區中安街七二號十三樓
　　　　　電話：02-2923-1455／傳眞：02-2923-1452
網 址　http://www.huamulan.tw 信箱 hml 810518@gmail.com
印 刷　普羅文化出版廣告事業
初 版　2016 年 3 月
全書字數　83869 字
定 價　九編 24 冊（精裝）台幣 50,000 元

南投道教寺廟研究
——以竹山等四鄉鎮爲範圍

張雅字　著

作者簡介

張雅字，南投縣鹿谷鄉人。

學歷：國立暨南國際大學 中國語文學系

　　　國立雲林科技大學 漢學資料整理研究所

提　　要

　　在地文化逐漸受到人們的重視，寺廟文化是在地文化中顯著的一類。寺廟文化所包含的面向非常地廣泛，例如祭祀的禮儀、民俗的祭典活動、寺廟的建築等等，其中蘊含許多華人的傳統思想。南投的道教寺廟為數眾多，然而稱其為道教寺廟，其信仰並非為純粹的道教信仰，實是融合儒教、佛教、道教的民間信仰，因此，擁有的文化現象更是非常繁複，值得研究，本文即是探討南投道教寺廟的文化意涵。

　　本文將南投的道教寺廟分為自然崇拜與人鬼崇拜二類，並以受天宮、紫南宮、靈德廟、鳳凰山寺、啟示玄機院、開山廟六間廟宇為代表。研究發現這些寺廟的文化意涵非常豐富，第一，崇拜的文化。華人有「萬物有靈」及「靈魂不滅」的觀念，因而有崇拜的現象，並且因「萬物有靈」而有多神的崇拜，在寺廟中即反映此思想。第二，自然類的神祇，常會有人格化的現象：而人鬼成神者，則常會經歷神化。不管是自然神的人格化或者是人鬼神的神化，皆是為了滿足人類對神明世界的想像。第三，在寺廟文化中也反映出「以己觀物，以己感物」的思維。因此以人為本，以人的觀點思考神明世界時，神明世界就有存有諸多與人間類似的情況。第四，寺廟的祭典活動，無不在祈福消災，這當中信眾的思想就是對幸福的追求。在各種祭典儀式中，常應用「象徵」的手法，許多事物通過象徵而有吉祥的意義。總而言之，寺廟的文化意涵皆非常豐富且有價值。

誌　謝

　　回顧在雲林科技大學漢學資料整理研究所就讀的這幾年來，學習到非常多的寶貴的經驗，不論是課業方面，或者是人際方面都是人生的一大進階。

　　非常感謝我的指導教授林葉連老師，您總能適時適度地引導學生。在論文寫作上遇到的諸多難題，您總提供多方向並且很有助益的想法來啓發學生，並總是鼓勵學生，因此在老師親切和藹的教導及循循善誘下，學生順利的完成碩士論文，非常地感謝林葉連老師！

　　非常感謝漢學資料整理研究所，安排許多課程及演講活動，且鼓勵學生參與學術研討會，這些對於學生的課業有相當大的幫助。並也感謝在就讀研究所時教導過學生的老師們，您們總是盡其所能的把自己所知的學識傳授給學生，使學生在學術研究上更能事半功倍，眞的非常感謝老師們的無私奉獻！

　　非常感謝林登順老師與吳進安老師擔任本論文的口考委員，您們提供中肯的意見與指正論文的各種問題，使本論文能夠更臻完備，非常感謝！

　　此外，本論文的完成，也要非常感謝許多接受我訪談的受訪者，如受天宮的謝文溪先生、紫南宮的陳文雄先生、靈德廟的劉迺倉先生、鳳凰山寺的陳同標先生、啓示玄機院的陳秉緯先生、開山廟的陳錦標先生，以及訪談中所遇到地許多熱心的信眾們，您們對本文研究上提供莫大的幫助，非常的感謝！

　　更要感謝的是我的家人，您們總是無私地付出心力，經常鼓勵並且幫助我，讓我順利地進行論文的寫作並順利地完成碩論，非常感恩我的家人！也感謝就讀研究所的好友們以及所有幫助過我的人，非常的感謝！

　　感恩所有幫助我的人們！

敬祝：

　　安康喜樂！

張雅宇　敬上　民國一百年元月

目次

表目次

圖目次

第一章　緒　論

第一節　研究動機和目的

　　華人的祭祀活動，從遠古時代一直延續到今日。人類對於未知的世界會有所好奇、敬畏，因此產生一些連接的方式，殷商的占卜文字反映出當時人類與未知世界所產生的溝通內容，多半是占卜與祭祀或戰爭有關的事情。人類利用占卜的行為與未知世界連結，將內心的不安的寄託於占卜文字中，而占卜的結果成為除去人類內心不安的解決之道。華人的祭祀，占卜極為重要的儀式之一。此祭祀行為從原始時代就開始有之。而此情形在今日華人社會仍然存在。求神問卜在華人社會中被視為平常的事情。

　　人們的祭祀行為反映其信仰思想，在原始時代，萬物都可能成為祭祀對象。現今的台灣社會中，族群很多，人民的信仰非常多元，道教、佛教、儒教、外來宗教等等，都可以共存於這塊土地上，這種多神的信仰思想是原始時代即流傳下來的。台灣漢人的信仰大多是源自於中國大陸的沿海地區，跟隨祖先將其一起移民至此。南投也是融合許多族群的地方，南投地處台灣的中央，四周多山且不靠海，此地的族群除了漢族之外還有原住民，各自都有信仰，在南投漢民族中，信仰亦多從祖先的移民而傳入。劉枝萬曾說明南投地區寺廟的興起之因：

　　　惟在如此極不安定之初期拓墾程序下，墾民為避番害，求神庇護之
　　　念極熾，致有促進寺廟萌芽之跡象。〔註1〕

〔註1〕劉枝萬：《南投縣志搞・南投縣風俗志宗教篇稿》（台北：成文出版社，1983

移民祖先在不熟悉的環境中，爲了尋求生存，除了靠拓墾者本身努力之外，求得神明所給予的保佑，以安定內心，亦可以使拓墾過程順利，所以將原本生活的故鄉中所奉祀的神明隨身攜帶，香火也就被帶入當地，漸漸發展爲寺廟。根據南投縣政府對寺廟的統計中，登記爲道教寺廟的部份，其主祀的神明如玄天上帝、慚愧祖師、天上聖母、關聖帝君、土地公等約有四十二類〔註2〕，顯示多神信仰的情形。

台灣寺廟所舉辦的祭祀活動十分盛行，人民常用的農民曆中，不論是佛教、道教、儒教的神明，從正月到十二月，這些眾多神明的聖誕千秋等重要的祭祀日子就記錄於其中，除了可知人民所信奉神明的數量非常多之外，亦顯示人民對信仰的熱衷。台灣各地的祭祀活動常與年節配合，以各自的方式慶祝，且能聚集許多民眾。

在地文化逐漸受到人們的重視，寺廟文化是在地文化中顯著的一類。台灣的寺廟很有地方特色，寺廟中蘊含豐富的人文思想值得研究。寺廟文化所包含的面向非常地廣泛，例如祭祀的禮儀、民俗的祭典活動、寺廟的建築等等，其中蘊含許多華人的傳統思想。南投的道教寺廟爲數眾多，然而稱其爲道教寺廟，其信仰並非爲純粹的道教信仰，實是融合儒教、佛教、道教的民間信仰，因此，擁有的文化現象更是非常繁複，值得研究，本文即是探討南投道教寺廟的文化意涵。

第二節　研究範圍與限制

本文題目是《南投道教寺廟研究——以竹山等四鄉鎮爲範圍》。此處言之「道教寺廟」，指的主要是在南投縣政府中登記爲「道教」類的寺廟。此類寺廟雖然被登記爲「道教」的類別，但多數是融合儒、釋、道三教的民間信仰，並非純正的道教信仰，本文爲了簡明選定主題，因此以在南投縣政府中登記爲「道教」類的寺廟爲主，另本文研究的鳳凰山寺雖登記在佛教類，然其實已經是道教化的俗佛信仰，因此也選之，此即爲題目之意。

年），頁3。
〔註2〕 此資料登錄在南投縣政府網站／民政局／表單下載／表格／南投縣登記有案之寺廟名冊，網址：http://www.nantou.gov.tw/big5/download.asp?pagenum=2&dptid=376480000AU100000&catetype=01&cid=71&cid1=248#，以下引用該資料，出處皆以此爲據。

南投此類寺廟計有 311 間，主祀神明種類約有 42 類，為數眾多，本文無法一一研究，因此將範圍作一限制。第一，限制研究對象。華人對神靈的思想呈現多神崇拜的信仰特質，信仰的對象大抵可以是自然界的天、地、星辰、日月、山川等等，此類可說是自然崇拜的信仰；另一類是人鬼崇拜，例如祖先、歷史上的先聖先賢等等。本文即以自然與人鬼崇拜作為研究對象。第二，限制研究地區的範圍。南投縣有十三鄉鎮，筆者選定較為熟悉的地區，即以竹山鎮、鹿谷鄉、魚池鄉及名間鄉為研究地區的範圍。

對於研究範圍作一劃分後，即以研究地區範圍的自然與人鬼崇拜中，再選定欲研究之寺廟。對於寺廟選定的標準主要有三，第一，其寺廟的主祀神明在相同類別主祀神明的寺廟中，在信徒心中的地位顯著者；第二，寺廟的歷史久遠；第三，寺廟的特殊性質；第四，寺廟的知名度。因此，本文以南投縣政府所登記的為道教寺廟的廟宇為研究的範圍，因其登記為道教寺廟的數目統計約數百間，範圍過大，所以再限縮於自然崇拜與人鬼崇拜兩類，地區以竹山鎮、鹿谷鄉、魚池鄉、名間鄉為範圍。在自然崇拜的相關寺廟中將以受天宮（玄天上帝）、紫南宮（福德正神）、靈德廟（城隍尊神）為研究對象，在人鬼崇拜中則將以鳳凰山寺（慚愧祖師）、啟示玄機院（孔明先師）、開山廟（開山聖王）為研究的對象。

第三節　研究方法與步驟

田野調查法是本文重要的研究方法之一，將對欲研究的寺廟以實地的走訪並紀錄，作為研究的資料，其他的研究方法有文獻分析法、歸納法、比較法。文章以文獻分析法對相關地方志書中，將其對欲探討之神明的記載進行爬書及歸納整理，而其他相關資料例如碩博士論文、期刊論文、專書等，將對其內容做分析，也將相類似的資料做比較的研究。亦利用歸納法與比較法來對本文所閱讀的相關資料做分析。

第四節　研究地區介紹

此節介紹研究地區的地理位置與宗教概況。本文研究的地區為南投縣，在《南投縣志搞》的《南投縣地理志地形篇稿》中對此地區的位置和面積做了描述，劉枝萬說：

本縣位於台灣本島中軸部（中央板岩山地）的中部，即位於台灣弧的核心，未控制本島之南北和東西的樞紐點。所以本縣不只在自然上有其重要性，同是亦為政治或國防的要地。本縣為台灣唯一的無海岸線，灌流本縣的烏溪和濁水溪為台灣東西交通的要道。〔註3〕

此處說明南投縣地處台灣本島中央，台灣地理中心即位於現今南投縣的埔里鎮。四周不靠海，是台灣本島東西南北的樞紐。再如：

本縣疆界，東以台灣主分水嶺與花蓮縣為界，西以八卦丘陵毗連彰化、雲林兩縣，南以清水溪及玉山支脈與雲林、嘉義、高雄等線接境，北以白姑大山、八仙山等與台中縣為界。〔註4〕

所以與南投縣為鄰的縣市有花蓮、台中、彰化、雲林、嘉義、高雄縣，此即可知其為連結東西南北交通的重要位置。南投縣的土地面積約有 4.106 平方公里〔註5〕，平地與山地的比例如下：

其中平地佔 630 平方公里(15.2%)，山地佔 3.470 平方公里(84.8%)。〔註6〕

南投縣山地約平地的六倍，說明其為多山的地形。多山地形增加開墾的艱難，從外地移居他鄉，為求平安，常常會帶上原本家鄉所信仰的香火，如：

蓋當先民渡台，為冀一身安寧，一帆風順，萬里前程，多由本籍隨帶較鼎盛寺廟之香火（例如天上聖母、開漳聖王、關帝、觀音、祖師等）以為護符，俟其抵台，就地開墾，便將之掛在田寮或供於公厝、居屋等，朝夕膜拜，祈求平安，如將遠行，即擲筶以卜吉凶。〔註7〕

所以當時縣內的漢族所信仰的神明，多半是由原本家鄉隨著移民而到當地，進而建造出寺廟供更多人膜拜。

本文的研究地區為南投縣的竹山鎮、鹿谷鄉、魚池鄉及名間鄉。竹山鎮位在南投縣的最南端，其地理位置與地形分布如下：

〔註3〕 林朝棨：《南投縣志搞・南投縣地理志地形篇稿》（台北：成文出版社，1983年），頁1。

〔註4〕 同前註。

〔註5〕 同註3。

〔註6〕 同註3。

〔註7〕 劉枝萬：《南投縣志搞・南投縣風俗志宗教篇稿》（台北：成文出版社，1983年），頁3。

北以濁水溪與本縣之集集鎮、彰化縣二水鎮爲界，西南接雲林縣林內鄉、古坑鄉及嘉義縣爲界，東與本縣鹿谷鄉接壤。北邊與西邊各有濁水、清水二溪環繞，於本鎮西北匯流後經雲林、彰化二縣出海。竹山全境東西約 18.5 公里，南北約 23 公里，總面積爲 247.4339 平方公里。其中山地、丘陵面積約佔百分之八十，平原耕地約佔總面積的百分之十。〔註8〕

因此，竹山鎮屬於多山地形。而其宗教信仰很多，有屬於全鎮性的祭祀圈，如林圯埔街的「連興宮」與「靈德廟」；有屬於超村際的祭祀圈，如社寮、後埔仔地區的「紫南宮」、「開漳聖王廟」，或是東埔蚋地區「沙東宮」，或是清水溪上游的新興巖與下游的德山巖；其他民間宗教教派的寺廟如「克明宮」、「仙公廟」、「紫雲宮（慈惠堂）」、「明善寺（養善堂）」、「天道堂（一貫道）」；其特殊神明信仰如紅旗公、白旗公等，可知其宗教的多元發展。〔註9〕而本鎮的道教信仰則以玄天上帝爲盛。〔註10〕竹山鎮所登記的道教寺廟有 33 間，本文以此鎮的「紫南宮」與「靈德廟」爲研究對象，其主祀神明分別是福德正神與城隍尊神，此二間廟宇對地方有其重要性因而選之。

鹿谷鄉位在南投縣的西南方，其東邊與信義鄉及水里鄉爲鄰，西南邊與竹山鎮相鄰，北邊與集集鎮相鄰。此地區的地勢由西北往東南逐漸升高，地形有山地、切割台地、河階段丘、丘陵地與河川沖積地。〔註11〕其宗教信仰有佛教、道教、天主教與基督教。南投地區是此信仰住要分佈的地方，所以奉祀慚愧祖師的廟宇很多，而鹿谷鄉所登記的道教寺廟有 15 間，此鄉的慚愧祖師信仰非常興盛，有多處廟宇，並且有三大奉祀慚愧祖師的祖廟，即「靈鳳廟」、「祝生廟」及「鳳凰山寺」，鳳凰山寺分香子廟眾多，有其重要地位，本文因而選定作爲研究對象。

魚池鄉位在台灣中央脊樑山脈的西方，其山丘遍佈，約有十三個盆地地形。其北邊與埔里鎮交界，東邊與仁愛鄉交界，東南邊與信義鄉交界，西南邊與水里鄉交界，西北與國姓鄉交界，其南北長爲 13.5 公里，東西寬爲 2.6

〔註8〕 楊秉煌：《竹山鎮志・地理志》（南投：竹山鎮公所，2001 年），頁9。
〔註9〕 王志宇：《竹山鎮志・宗教志》（南投：竹山鎮公所，2001 年），頁14。
〔註10〕 同前註，頁43。
〔註11〕 南投縣鹿谷鄉志編纂委員會等編輯：《鹿谷鄉志・地理志》（南投：投縣鹿谷鄉公所，2009 年），頁148～149。

公里。〔註 12〕在漢人墾拓前，魚池鄉的民族多爲原住民，漢族先民於此地開拓，也將原鄉信仰帶進本地。魚池鄉約有百分之九十的居民信奉道教，其他宗教如天主教、基督教、天帝教、佛教、一貫道等則約佔百分之十。〔註 13〕魚池鄉所登記的道教寺廟有 27 間，本文以此鄉的「啓示玄機院」爲研究對象，其主祀神明是孔明先師。以孔明先師爲主祀神明的廟宇，在台灣目前僅魚池鄉有之，有其特殊性，因此選定此廟作爲研究對象。

名間鄉位於南投縣西緣中央，東邊與中寮鄉和集集鎮交界，西邊與彰化縣的社頭鄉、田中鎮及二水鄉交界，南邊與竹山鎮交界，東西寬 13.7 公里，南北長 9.11 公里，總面積爲 83.0955 平方公里，其地形有東部的南投丘陵區、中部台中盆地平原區及西部八卦台地區。〔註 14〕此鄉的宗教信仰有儒、釋、道三教及民間信仰與基督教、天主教。〔註 15〕名間鄉所登記的道教寺廟有 19 間，本文以此鄉的「受天宮」爲研究對象，其主祀神明是玄天上帝，「受天宮」是台灣奉祀玄天上帝重要的廟宇，因而選之。

第五節　前人研究成果探討

筆者搜尋相關的前人研究資料中，研究受天宮（玄天上帝）的文章有四篇，分別是藍水木〈南投縣名間鄉松柏嶺受天宮簡介〉〔註 16〕、黃丁盛〈一心誠敬朝總廟——松柏嶺受天宮玄天上帝祭〉〔註 17〕、高麗珍〈松柏嶺受天宮進香的時空律動〉〔註 18〕及〈淺談民俗宗教空間組織形成過程——以松柏嶺受天宮玄天上帝祭祀活動爲例〉〔註 19〕。藍水木的文章寫於民國七十四年，

〔註 12〕魚池鄉志編纂工程：《魚池鄉志・地理篇》（南投：魚池鄉公所，2001 年），頁3～6。

〔註 13〕魚池鄉志編纂工程：《魚池鄉志・文化篇》（南投：魚池鄉公所，2001 年），頁122。

〔註 14〕周國屛等編著：《名間鄉志・地形篇》（南投：名間鄉公所，2004 年），頁 26～31。

〔註 15〕周國屛等編著：《名間鄉志・文化篇》（南投：名間鄉公所，2004 年），頁 684。

〔註 16〕藍水木：〈南投縣名間鄉松柏嶺受天宮簡介〉，《臺灣文獻》，第 36 卷第 1 期（1985 年），頁 137～146。

〔註 17〕黃丁盛：〈一心誠敬朝總廟——松柏嶺受天宮玄天上帝祭〉，《新活水》，第 10 期（2007 年），頁 79。

〔註 18〕高麗珍：〈松柏嶺受天宮進香的時空律動〉，《思與言》，第 34 卷第 2 期（1996 年），頁 235～253。

〔註 19〕高麗珍：〈淺談民俗宗教空間組織的形成過程——以松柏嶺受天宮玄天上帝

所以文章內容對受天宮的介紹與今日有一些不同，例如會務概況、本宮組織等。黃丁盛的文章內容是對受天宮玄天上帝的祭典活動做簡單的記載。高麗珍兩篇皆對松柏嶺受天宮的祭祀活動做研究。

關於紫南宮（福德正神）的文章有黃琪惠〈紫南宮老土地傳奇——記竹山鎮社寮里福德伯借人錢財、發財的故事〉〔註20〕。此篇講述紫南宮對當地居民的重要及記載紫南宮的祭祀活動。林文龍《社寮三百年開發史》〔註21〕中的宗教信仰一章中亦有提到紫南宮，內容包含紫南宮與社寮的關係、源流及民眾信仰狀況。

收集到的資料可發現南投縣的慚愧祖師近來漸漸受到矚目，相關的文章有廖壬戌〈鳳凰山寺〉〔註22〕、王志宇〈竹山地區的公廟——以玄天上帝與慚愧祖師信仰爲中心〉〔註23〕、陳甚慈〈借問客從何處來：從廣東梅縣靈光寺到南投鹿谷鳳凰山寺〉〔註24〕、李禎祥〈陰林山祖師〉〔註25〕、林衡道〈桃米坑祖師公廟——民國六十九年一月調查〉〔註26〕、王志文、吳中杰〈台灣慚愧祖師的信仰初探〉〔註27〕、黃榮洛〈客家人移墾臺灣的守護神——三山國王和陰那山慚愧祖師〉〔註28〕、謝佳玲〈南投縣慚愧祖師信仰的形成〉〔註29〕、張志相〈慚愧祖師生卒年、名號與本籍考論〉〔註30〕、黃素眞〈邊

祭祀活動爲例〉，《國立僑生大學先修班學報》，第 4 期（1996 年），頁 241～290。

〔註20〕黃琪惠：〈紫南宮老土地傳奇〉，《百世教育雜誌》，第 157 期（2004 年），頁 100～103。

〔註21〕林文龍：《社寮三百年發展史》（南投：富順彩色製版、印刷有限公司，1996 年），頁 118～120。

〔註22〕廖壬戌：〈鳳凰山寺〉，《臺灣月刊》，第 133 期（1994），頁 72～73。

〔註23〕王志宇：〈竹山地區的公廟——以玄天上帝與慚愧祖師信仰爲中心〉，《逢甲人文社會學報》，第 4 期（2002 年），頁 183～210。

〔註24〕陳甚慈：〈借問客從何處來：從廣東梅縣靈光寺到南投鹿谷鳳凰山寺〉，《文化視窗》，第 71 期（2005 年），頁 94～97。

〔註25〕李禎祥：〈陰林山祖師〉，《南投文獻》，第 38 期（1993 年），頁 95～97。

〔註26〕林衡道，〈桃米坑祖師公廟——民國六十九年一月調查——〉，《臺灣文獻》，第 31 期第 2 卷（1980 年），頁 120～122。

〔註27〕王志文、吳中杰：〈台灣慚愧祖師的信仰初探〉，收入於《全球客家地域學術研討會論文集》（臺北：臺灣師範大學地理系所，2003 年），頁 106～123。

〔註28〕黃榮洛：〈客家人移墾臺灣的守護神——三山國王和陰那山慚愧祖師〉，《客家雜誌》，第 18 期（1990），頁 14～20。

〔註29〕謝佳玲：〈南投縣慚愧祖師信仰的形成〉，《臺灣民俗藝術彙刊》，第 5 期（民國 98 年），頁 87～106。

陲區域與「慚愧祖師」信仰——以林屺埔大坪頂地區爲例〉〔註 31〕、張志相〈閩粵志書所見慚愧祖師寺廟與信仰探考〉〔註 32〕，並已有一篇碩論，謝佳玲《從開山防蕃到保境安民——南投縣祖師信仰研究》〔註 33〕，以上的篇章，對慚愧祖師的生平關、源流多有寫出，與信仰者的關係也是這些文章探討的議題，另外對慚愧祖師神像的造型藝術亦有被討論。而在民國九十八年出版了關於慚愧祖師的專書《開山佑民——慚愧祖師的啓示》〔註 34〕，此書集結許多作者，如上述所提及的張志相、王志文、黃素真……等，以多面向探討慚愧祖師，例如兩岸祖師信仰的比較、南投地區的慚愧祖師的信仰研究。

　　以上是筆者目前所蒐集到的前人研究資料，慚愧祖師研究的資料比較多，且已有一篇碩士論文以其爲主題，受天宮（玄天上帝）、紫南宮（福德正神）的資料也有文章做研究或介紹，而筆者欲探討的其他神明如城隍爺（城隍廟）、孔明先師（啓示玄機院）、開山聖王（開山廟）則暫無文章討論，筆者將以前人研究提供的資料再繼續做深入的研究。

〔註 30〕 張志相：〈慚愧祖師生卒年、名號與本籍考論〉，《逢甲人文社會學報》，第 16 期（2008 年），頁 159～181。

〔註 31〕 黃素真：〈邊陲區域與「慚愧祖師」信仰——以林屺埔大坪頂地區爲例〉，《地理研究》，第 42 期（2005 年），頁 73～103。

〔註 32〕 張志相：〈閩粵志書所見慚愧祖師寺廟與信仰探考〉，《逢甲人文社會學報》，第 18 期（2009 年），頁 119～148。

〔註 33〕 謝佳玲：《從開山防蕃到保境安民——南投縣祖師信仰研究》（台北：台北大學民俗藝術研究所碩士論文，2008 年）。

〔註 34〕 汪鑑雄：《開山佑民——慚愧祖師的啓示》（南投：山川印刷有限公司，2009 年）。

第二章　自然崇拜

第一節　受天宮——玄天上帝

南投的玄天上帝信仰非常興盛，受天宮是奉祀玄天上帝的有名廟宇。玄天上帝是從原本的星辰信仰，隨時代而轉為道教信仰，如劉枝萬說：

> 惟其本質，可能出自北極星之崇拜，以寓人格化者；而民間傳說卻牽強附會，以為人鬼。〔註1〕

古人對星辰的信仰，是自然崇拜的一種表現，學者有以下論述：

> 中國古代把全天連續通過南中天的恆星分為二十八群，稱為二十八宿。根據它們的出沒和中天時刻以定四時。……戰國以後，又逐漸把二十八宿分為四組，分別以四靈來命名，及東方青龍，南方朱雀，西方白虎，北方玄武。玄武即靈龜。〔註2〕

由此可見，玄武原本是由星辰而來，古人將北方的斗、牛、女、虛、危、室、壁七星宿合為一組，稱為玄武。後來此星辰漸被動物化為龜蛇。學者講述星辰成為龜蛇的經過：

> 漢代人們對於天神的觀念，本以顓頊為北方黑帝（東漢緯書中又有「汁光紀」），以玄冥佐之，玄武則僅象徵北方星辰。（見《淮南子》）至東漢後期，其地位逐漸上升，緯書中常稱其為黑帝之精，甚至說

〔註1〕 劉枝萬：《南投縣志搞・南投縣風俗志宗教篇稿》（台北：成文出版社，1983年），頁33。

〔註2〕 呂宗力、欒保群編：《中國民間諸神・上冊》（台北：台灣學生，1991年），頁93。

「北方黑帝，體爲玄武，其人夾面兌頭」，則已有北方天帝烏龜化的趨勢。道教興起之初，五方天帝、五方神體系並未受到重視，倒是玄武七宿第一宿的斗星（及南斗）地位尊崇，號稱「南斗注生，北斗注死」。但民間對玄武的信仰並未中斷，只不過其職掌、地位不很清楚，而且由於民間信仰以龜雌蛇雄，便以龜蛇作爲玄武神的象徵。（見《酉陽雜俎》、《靈應錄》）。〔註3〕

玄武在民間信仰中逐漸人格化。在宋朝時，爲了避宋眞宗的諱而將玄武改稱眞武。眞武在南宋時人格化的傳說漸多，其地位在元代及明代被拉昇，尤其在明代時，明成祖朱棣欲以北統南時即借助眞武神威性的力量，受統治者的推動，此信仰及神格地位變得十分顯赫。〔註4〕道教因此對其編造神聖的身世傳說，民間亦多從道教的說法來認識此神。

編造的結果，就反映在《續文獻通考》、《道藏》、《三教源流搜神大全》、《歷代神仙通鑑》等書中。這些書中都稱眞武爲淨樂國王太子，由善勝夫人剖左脅而生。由此可知這段故事如同玉皇身世一樣，也是模仿佛經而編造出來的。……眞武既然身世、地位如此顯赫，當然不可能是龜蛇之類，所以有關眞武的傳說中，又皆稱龜蛇乃六天魔王以坎離二氣所化，然被眞武神力躡於足下，成爲其部將。後世稱之爲龜蛇二將。〔註5〕

因此可知玄武從星辰轉變爲靈獸，再漸成爲道教的神明，而民間奉祀玄天上帝，多以道教編造之神明的說法爲主。

以下爲受天宮田調實錄：

一、沿革

受天宮地址位於南投縣名間鄉松山村松山街 118 號，爲奉祀玄天上帝而頗負盛名的廟宇。

本縣以玄天上帝爲主神的廟宇，其發展程序，乃由福建省武當山，割香前來，奉祀於名間松柏坑受天宮，然後隨漢人社會境域日闢，遂傳播於各地。〔註6〕

〔註3〕呂宗力、欒保群編：《中國民間諸神‧上冊》（台北：台灣學生，1991 年），頁93。

〔註4〕同前註，頁 94。

〔註5〕同註3，頁 94～95。

〔註6〕劉枝萬：《南投縣志搞‧南投縣風俗志宗教篇稿》（台北：成文出版社，1983

受天宮距今有三百多年歷史，其受天宮沿革﹝註7﹞整理如下表：

表 2-1-1：受天宮沿革表

編號	時　間	事　　　蹟
1.	西元 1657 年	緣起於明末清初順治十四年間（一六五七）。明永曆四年自福建省遷徙來台之李、陳、謝、劉姓人氏定居在松柏坑現廟址前坑底墾荒伐木製板、搭寮居住並奉祀從大陸帶來之武當山北極玄天上帝香火，為創建本宮之始。後該等人氏遷徙他處，遺留香火在該寮中。
2.	西元 1681 年	清康熙二十年（一六八一），附近居民捐資建立小祠奉祀先民遺留之香火。
3.	西元 1737 年	清乾隆二年（一七三七）農曆三月初三日夜北極玄天上帝萬壽日香火發出燦爛毫光，並探乩指點建廟地點（現址）係龜蛇穴吉地，稱「龍蝦見江」。居民集資建築小廟於此（現廟址內殿之處），為奠定本宮之基。
4.	西元 1754 年	乾隆十年（一七五四），北極玄天上帝化身白鬚老翁前往鹿港雕塑店訂塑玄天上帝神像（即現奉祀之大上帝、二上帝、三上帝寶像）三尊，並指定形態寸法。後通知本地人士迎回，經地方人士商議擴建廟宇，奉祀北極玄天上帝為主神，並遵北極玄天上帝聖示命名為受天宮。
5.	西元 1864 年	道光二十六年（一八六四），松柏坑庄民相議乃往福建省甘霖杜武當山割香返鄉。
6.	西元 1848 年	道光二十八年（一八四八）擴建廟宇因遇大地震未果。
7.	西元 1851 年	咸豐元年（一八五一）農曆三月由弓鞋村陳雪生、陳麗水、陳歪生及松柏坑歐登份先生等九人醵資二千五百餘元重修廟宇，增雕玄天上帝部將趙元帥、康元帥神像奉祀。
8.	西元 1887 年	清光緒十三年（一八八七），崁腳村武生陳志文先生、弓鞋村武生陳成章先生、新厝村蔡達芳先生等首倡暨六庄眾首事向外各地鳩資三千餘元，重修廟殿。
9.	西元 1924 年	民國十三年農曆二月，崁腳村陳高先生，暨崁峰派出所日籍警員武者良作提倡向南投郡役所申請募捐許可經南投郡守石橋亨之讚同，召集六庄地方人士開會決議修建。由松山村李有義先生、松柏村邱厚皮先生、弓鞋村陳矮古先生、新厝村陳廷輝先生等向中部各地募得壹萬餘元修建廟殿及增建廟室。
10.	西元 1953 年	民國四十二年七月成立理事會，民國四十六年成立管理委員會。同年七月選舉李有來先生擔任主任委員。

年），頁34。
﹝註7﹞ 松柏嶺受天宮管理委員會編：《受天宮概史》（南投：松柏嶺受天宮管理委員會，2010年），頁10～17。

11.	西元 1958 年	民國四十七年十一月十九日，台灣省主席周至柔先生蒞臨本會巡視。
12.	西元 1963 年	民國五十二年三月四日，豐柏路開鑿完成，台灣省主席黃杰先生蒞臨巡視。
13.	西元 1973 年	民國六十二年八月改建，廟宇建築採用南北綜合式分四層廟殿。六十五年十二月十日落成入火安座，上層一殿主神奉祀玉皇上帝，大殿主神北極玄天上帝。民國六十九年九月委員會改組，主任委員盧聖仁擔任。民國七十一年十二月十五日起三天五朝建醮謝土慶祝落成。俱現規模之廟貌，民國七十五年國曆十二月三日至九日止舉行五天七朝圓醮大功告成。
14.	西元 1986 年	民國七十五年八月韋恩颱風過境受災，廟殿前棟屋頂剪粘全毀，山門（歡迎門）全倒，七十八年元月，全部修復完成，工程費，二項共八〇〇萬元。
15.	西元 1988 年	民國七十七年改建第一、二招待所重建，面積擴大爲約二百四十坪，工程費計三千萬元，並於七十九年十二月卅一日完成。
16.	西元 1988 年	民國七十七年六月廿八日，委員會委員組團由主任委員盧聖仁率領委員二十一名，過海前往大陸武當山，登紫霄殿、金殿探聖，新雕大上帝神像一尊前往領香返鄉。
17.	西元 1988 年	民國七十七年九月委員會改組，主任委員陳進德擔任。七十八年十月九日組團四十七名（信徒代表）前往武當山第二次探聖，昇殿參拜。
18.	西元 1990 年	民國七十九年六月廿三日，省主席連戰先生，蒞臨指導。
19.	西元 1990 年	民國七十九年九月，參加台灣寺廟金蘭會爲會員廟。
20.	西元 1991 年	民國八十年一月十一日，台灣省主席宋楚瑜，蒞臨指導。
21.	西元 1992 年	民國八十一年十月改選委員成立第十屆管理委員會，主任委員由陳進德繼任。
22.	西元 1993 年	民國八十二年十月五日組團七十四名前往武當山第三次昇殿參拜。
23.	西元 1994 年	民國八十三年元月十二日，大陸武當山紫霄宮法師十八名由會長王通聖帶隊前來弘法訪問。
24.	西元 1994 年	民國八十三年元月十九日，裝設太歲殿落成安座，啓祀太歲神。
25.	西元 1994 年	民國八十三年三月，新建康樂台落成啓用。
26.	西元 1995 年	民國八十四年九月三日，參加台灣省玄天上帝弘道協會爲會員廟，會員證：第 08002 號，主任委員陳進德當選副理事長。
27.	西元 1995 年	民國八十四年八月十四日，參加弘揚道德文化基金會爲會員，並爲南投縣推行委員會主任委員。
28.	西元 1996 年	民國八十五年一月廿八日，增設文昌殿，奉祀文昌帝君落成安座。
29.	西元 1996 年	民國八十五年十一月十九日，改選委員成立第十一屆管理委員會，主任委員謝萬得。

30.		主任委員謝萬得聘任爲；中華民國道教會第九屆理事；台灣省道教會第七屆理事；中華道教團體聯合會第一屆理事。
31.	西元 1997 年	民國八十六年三月七日，參加台灣省道教發展基金會成立大會，加入爲會員。
32.	西元 1997 年	民國八十六年三月廿七日，廟後大門牌樓圍牆建造完成。
33.	西元 1999 年	民國八十八年四月三十日，民眾社區活動中心落成剪彩啓用，工程費三二、九九九、〇九一元。
34.	西元 1999 年	民國八十八年五月三十日，特建焚化金爐落成啓用，工程費七、八〇〇、〇〇〇元。擴建廟庭、遊樂區擴設房舍。
35.	西元 1999 年	民國八十八年九月廿一日，大地震。廟殿支柱龜裂補強修護工程、屋頂剪粘工程，翻修工作中。
36.	西元 2000 年	民國八十九年一月一日，附設餐廳啓用。
37.	西元 2000 年	民國八十九年六月十七日，凌晨發生火災，廟殿內部裝潢焚燬。
38.	西元 2000 年	民國八十九年十一月廿四日，改選委員，成立第十二屆管理委員會、主任委員謝萬得繼任。
39.	西元 2001 年	民國九十年元月十三日，臨時廟廳上帝爺移駕安座。
40.	西元 2003 年	民國九十二年二月五日，第十二屆重建委員會成立。
41.	西元 2005 年	民國九十四年二月四日，第十三屆改選完成，主任委員由吳文雄擔任。
42.	西元 2005 年	民國九十四年七月六日，主廟殿重建申請到建造執照（九四）投府建管（造）字第〇〇〇六八八號。
43.	西元 2005 年	民國九十四年九月三十日，第十三屆重建委員會成立。
44.	西元 2005 年	民國九十四年十一月二十三日，主廟殿拆除工程開工。
45.	西元 2006 年	民國九十五年元月三日，承辦二〇〇六台灣寺廟金蘭會第四十三次聯誼會。
46.	西元 2006 年	民國九十五年元月二十四日，主廟殿拆除竣工。
47.	西元 2006 年	民國九十五年四月十日，廟殿重建工程開工興建。
48.	西元 2006 年	民國九十五年四月十四日，第十三屆重建委員會，重建委員完成編組。
49.	西元 2007 年	民國九十六年元月十四日，北極玄天上帝繞境植福千祥，行程爲南投縣——名間鄉、竹山鎮、鹿谷鄉、集集鎮、中寮鄉、草屯鎮、南投市。
50.	西元 2007 年	民國九十六年二月十四日，舉行廟殿重建上樑大典。
51.	西元 2008 年	民國九十七年一月十四日，本宮第十三屆廟殿重建委員赴大陸福建省崇武現勘石材。
52.	西元 2008 年	民國九十七年四月三日，第十三屆重建委員會請示北極玄天上帝入火安座科日。

53.	西元 2008 年	民國九十七年五月六至九日，第十三屆重建木雕工程案赴大陸現勘。
54.	西元 2008 年	民國九十七年六月六日，北極玄天上帝等神尊移駕至重建委員會事務所處暫安座奉祀。
55.	西元 2008 年	民國九十七年七月九至十五日，第十三屆廟殿重建建材、施工等案赴大陸現勘，並至湖北省武當山參禮。
56.	西元 2008 年	民國九十七年十一月六日戌時（廟方資料寫「戍時」為錯誤，於本文訂正。）廟殿重建三川殿步口處安裝二對龍柱。
57.	西元 2008 年	民國九十七年十一月十七日，水土保持案申請到使用執照（九七）投府建管（使）字第○○六五九號。
58.	西元 2008 年	民國九十七年十一月十七日，廟殿重建案申請到使用執照（九七）投府建管（雜使）字第○○○一一號。
59.	西元 2008 年	民國九十七年十二月二日，廟殿重建完成舉行入火安座。
60.	西元 2009 年	民國九十八年二月二十四日，第十四屆管理委員會改選，主任委員由吳文雄擔任。
61.	西元 2009 年	民國九十八年六月十八日至二十二日，參加湖北武當山道教會舉辦第五屆國際道教學術研討會暨北極玄天上帝信仰文化交流會。
62.	西元 2009 年	民國九十八年十二月七日，舉辦入火安座取水大典，前往竹山鎮桶頭里瑞草橋下取九龍聖水。

資料來源：《受天宮概史》〔註8〕

上述沿革表中，可以知道受天宮的建廟歷史久遠，並且從民國四十二年成立管理委員會之後便積極發展本地的宗教文化，常參加聯誼活動，也數次前往大陸福建的小武當及湖北武當進行信仰學術、文化交流活動，此外也舉行盛大的祭典活動，如祈安遶境、取水大典……，可知此信仰發展之繁榮。

二、廟宇建築

其建築方位為座東北，向西南，廟宇為南方古式的建築風格，採用二進雙廊設置天井的格局，此廟分設五門，顯其神格地位崇高。廟宇主殿奉祀主神北極玄天上帝、其部將康、趙元帥、水火二將、太子元帥等諸神；龍邊偏殿供奉觀天、看地石將軍與喜舍田蔡求仁長生祿位；虎邊偏殿供奉福德正神。此外，廟宇外之龍邊設有太歲殿供俸斗母元君。〔註9〕

〔註8〕松柏嶺受天宮管理委員會編：《受天宮概史》（南投：松柏嶺受天宮管理委員會，2010年），頁10～17。

〔註9〕同前註，頁18。

圖 2-1-1：二進式南方古式建築　　圖 2-1-2：三川殿分設五門

受天宮的其他建築單體中，有牌樓、主殿、偏殿、拜殿、金亭、附屬設施，如下圖：

圖 2-1-3：牌樓一　　　圖 2-1-4：牌樓二　　　圖 2-1-5：牌樓三

圖 2-1-6：　　　　　　圖 2-1-7：　　　　　　圖 2-1-8：
主殿與偏殿　　　乩身專用案桌、拜殿　　　　金亭

三、信徒與管理委員會

受天宮的信徒分布非常廣，目前廟方估計爐下單位有四千餘處，遍佈台灣各地，甚至小琉球、外島，皆有香火。此廟有設置管理委員會，其組織如下：

本宮定名爲南投縣名間鄉松柏嶺受天宮，民國四十七年四月八日設立登記。信徒代表大會爲最高機關。信徒分六區，各設區長一人，信徒代表四十八人，設管理委員會置委員十九人。互選主任委員一人，副主任委員二人，綜合一切會務，審查委員五人，組織審查委員會，互選一人爲常務審查委員，稽核本會年度歲出入、決算及各項事業損益決算。管理委員會下設總務、會計、建設三股，置股長各一人，事務員若干人，分別掌理總務、會計、建設暨日常事務。〔註10〕

第十四屆管理委員會於民國九十八年改選，目前設置有主任委員 1 名，副主任委員 2 名，委員 16 名，常務審查委員 1 名，審查委員 4 名，區長 10 名，信徒代表 48 名，顧問 27 名，法律顧問 1 名，會計顧問 1 名，建設股長 1 名，會計股長 1 名〔註11〕。受天宮的管理委員會成員人數眾多，共有 113 人，可知其組織之龐大。

其受理的業務相當多面，如「響應政令推行提倡全民體育運動」而辦的早覺會，舉行活動如老人健行活動，歌唱、健康操、跳舞、康樂表演……等等；再如「提倡正當娛樂及文藝活動、慈幼活動」，此類如萬人平安素食麵福宴、每年元宵舉辦米糕桃乞取萬人吃平安活動、協辦兒童與青少年冬夏令營及話劇、書法、語文、舞蹈、插花的研習進修班；又如「設置獎助學金」、「興辦公益活動」，另外，也組織誦經團，舉辦各種祈安法會，管理委員會對廟宇的運作事務相當有規劃。〔註12〕

此外，委員會亦重視公益活動、慈善救濟，推行中華文化復興運動協助推行教育活動、提倡全民運動、協助地方基層建設、風景區觀光設備……等增進社會福利、造福人群的活動，並經常獲得頒獎表揚。廟方從民國六十五年至民國九十八年以來的受獎紀錄（民國六十五年至六十九年的受獎紀錄參考《台灣文獻》〔註13〕，民國七十年至九十八年的受獎紀錄參考廟方簡介〔註14〕），其中「捐資興辦公益或慈善事業成果優異」等捐資行爲受獎的有二

〔註10〕 松柏嶺受天宮管理委員會編：《受天宮概史》（南投：松柏嶺受天宮管理委員會，2010 年），頁 22。

〔註11〕 同前註，頁 29。

〔註12〕 同註 10，頁 23、29。

〔註13〕 藍水木：〈南投縣名間鄉松柏嶺受天宮簡介〉，《臺灣文獻》，第 36 卷第 1 期（1985 年），頁 140。

〔註14〕 同註 10，頁 24～28。

十七件;「推行社會教育」的有四件;「興辦公益事業」例如慈善事業、文化
建設的有三十四件;「協助文藝活動」,例如花燈展覽、敬老活動……等的有
六件;「辦理社會救濟」例如協助救災的有八件;其他事項有六件,目前總計
高達八十五件的受獎紀錄,表現十分優異。

四、祭祀與慶典活動

受天宮在過年時提供安太歲、光明燈、智慧燈等服務,太歲燈安於太歲
殿,並奉祀斗母元君。在元宵的時候則舉辦吃米糕桃活動,活動名稱為「元
宵米糕桃,萬人吃平安」。此活動已經舉辦十多年,主要是為「上元天官大
帝」祝壽,由受天宮主辦,並有松柏嶺鬥茶協會協助興辦。在元宵節開香祈
福後,於隔日正月十六日與信徒分享,米糕桃製作是由信徒向玄天上帝擲
出三個聖杯後即可參與,米糕的形狀似桃,除了是祝壽之意的壽桃外,另也
是為了尊敬玄天上帝之部將龜將軍,因此米糕不作成龜形而用桃形。其他神
明聖誕亦有祝壽,而主神玄天上帝的萬壽,是受天宮重要祭典節日。玄天
上帝生日在農曆三月初三,於三月初二時即舉行團拜,為其祝壽,而此時期
也是受天宮的香期,許多分靈友宮皆於玄天上帝生日之前陸續時回到廟裡來
進香。

受天宮也舉辦遶境與進香、各式祈福、普渡法會。受天宮每年於在地的
地區舉行繞境活動,而最近較大型的遶境活動,是在民國九十六年,其遶境
活動名稱為「2007 南投縣名間鄉松柏嶺受天宮慶典活動——北極玄天上帝繞

圖 2-1-9：　　　　　　　　圖 2-1-10：信徒為玄天上帝祝壽,
　　米糕桃〔註 15〕　　　　　　　舉行團拜〔註 16〕

〔註 15〕 受天宮官方網站:http://www.shtin.org.tw/htm/06picture.htm。
〔註 16〕 受天宮官方網站:http://www.shtin.org.tw/htm/06picture.htm。

圖 2-1-11：玄天上帝生日為　　　　圖 2-1-12：玄天上帝生日，
重要的進香時期〔註 17〕　　　　　　信徒前來祝壽〔註 18〕

境植福千祥」，其指導單位為南投縣政府，主辦單位為松柏嶺受天宮，協辦單位有南投市、草屯鎮、中寮鄉、集集鎮、竹山鎮、鹿谷鄉、名間鄉等。此活動時間為民國 96 年 1 月 14 日至 21 日，活動日程表如下：

表 2-1-3：民國九十六年遶境活動日程表〔註 19〕

活動日期	活動名稱	活動地點
96 年 1 月 1 日～1 月 31 日	靜態展覽	
96 年 1 月 6 日上午 10 時	活動記者會	受天宮廟前廣場
96 年 1 月 14 日	活動開幕（開鑼）、遶境	名間鄉
96 年 1 月 14 日	遶境	竹山鎮接天宮
96 年 1 月 15 日	遶境	鹿谷鄉
96 年 1 月 16 日	遶境	集集鎮廣盛宮
96 年 1 月 17 日	遶境	中寮鄉福天宮
96 年 1 月 18 日	遶境	草屯鎮聖玄宮
96 年 1 月 19 日	遶境	南投市天明宮
96 年 1 月 20 日	入宮活動	
96 年 1 月 21 日	閉幕典禮	

〔註 17〕 受天宮官方網站：http://www.shtin.org.tw/htm/06picture.htm。
〔註 18〕 受天宮官方網站：http://www.shtin.org.tw/htm/06picture.htm。
〔註 19〕 受天宮官方網站：http：//www.shtin.org.tw。

圖2-1-13：玄天上帝遶境平安符
（正面）

圖2-1-14：玄天上帝遶境平安符
（背面）

　　受天宮除了在玄天上帝的聖誕時有許多進香團外，平日還是有進香活動，廟方為了記錄進香團的進香日期，於是以貼香條的方式公告進香活動，除了公告之目的外，同時也表達廟方的歡迎之意。

圖2-1-15：進香活動照

圖2-1-16：進香活動照

圖2-1-17：香條

圖2-1-18：香條

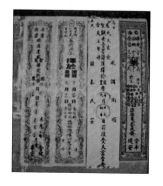

五、文物保存

受天宮保有一處碑文，碑名爲「受天宮褒善碑」，內容如下：

全立石牌字人松柏坑庄受天宮首事武生陳志文、陳成章、蔡達芳暨六庄眾首事等，竊謂褒善而銘諸牌，所以表義舉而明錄位之由也。夫俎豆馨香千秋之祀典不替，名垂金石百代之姓宇長存，苟非有大功德于廟堂之上者，豈得此哉。若蔡求仁者，家財非巨富，施舍祀田及千金，此一節之義舉，雖馨香百世配祀廟貌于不朽者不爲過也。文等既同僉議而乃爲之進祿位、立石牌，名之褒善，則不特蔡求仁之舍祀田有以褒之，且寓將來有志效尤者亦有以勸之云耳。

茲將田三段坐址租項條規計錄于左：

買過南投保萬丹庄陳龍水田一段，價銀三百五十圓，坐落土名暗坑仔底，東至水溝頭界，西至抄封田界，南至水溝頭界，西至抄封田界，南至崁界，北至溪界，清丈，一甲五分九厘一毫，錢糧二兩一錢一分八厘四，又配福德爺香燈銀四六折實銀一圓二角全年四十八石。

買過東螺保海風寮庄陳成水田一段，價銀三百圓，坐落土名二八仔洋，東至蔡家界，西至大路界，南至二八圳界，北至施厝圳界，清丈四分錢糧一兩零一分三厘四毫，大租四六折實九斗六升，水租一石零二升八合，小租三十二石。

買過武東保頂新厝庄蔡達芳，水田一段價銀三百圓，址在東螺保二八仔洋，東西俱至陳家田界，南至二八圳界，北至施厝圳界，中插何家厝地一所，清丈六分五厘三毫二絲，錢糧一兩零八分八厘，大租四六折實一石二斗七升二合，水租九斗五升，全年小租三十二石，三段合共全年小租一百一十二石。

議祀田三宗，其契自禎入賑簿將契批明，此田係是本宮上帝香燈祀田，不得買賣典借等情，如有此情，開眾呈官究辦，決不姑寬。

議田租賑簿印記，憑六庄頭人公擬端正之人交收掌管，不得恃強混爭。

議交收之人宜秉公處理賑簿原收出存，不得苟簡，如是不公，亦憑

六庄頭人改換他人，不從生端滋事。

議正月十五日、三月初三日、八月十五日，此三次各要豬羊牲禮金
紙等件，演戲開祭，慶祝千秋，其祭費悉從田租定規開用。

凡祭祀之日，各宜備辦牲禮菓品金帛先祭祿位，永為配享之例，不
可廢弛。

議凡要致祭，于三日前，帖請頭人整備衣冠。早臨本宮，拈香與祭。
祭後，隨將物件，宴請各庄頭人共飲神惠。

大清光緒貳拾年，歲次甲午季冬之月。

　　碑文寫到立碑的意義是為了褒善喜捨田舍的蔡求仁先生的義舉，以及為
蔡求仁設長生祿位之緣由，並且也鼓勵人們可以效尤其無私奉獻的精神。此
碑亦說明當時受天宮所擁有的廟地資產，及其管理方式，並也訂定節日以舉
行祭祀，其祭拜行為一詳述於文中。

圖 2-1-19：受天宮褒善碑　　　　圖 2-1-20：受天宮褒善碑

　　受天宮寺廟的楹聯大多上聯以「受」字開頭，下聯以「天」字開頭，多
為鶴頂格的對聯。記錄如下：

牌樓一楹聯之一：

　　受命南巡，金闕化身，聖德長留松柏嶺，

　　天星北拱，玉虛顯基，神光遠照鳳凰山。

此為十五言的長偶對聯，上下聯首句崁「受」、「天」二字。相傳玄天大

帝是玉皇大帝的化身，屬於道教神明系統。「松柏嶺」、「鳳凰山」是位於南投縣境內的丘陵地，此地信奉玄天上帝的信徒頗多。此句寫出關於玄天上帝的源流，及其所屬的宗教類別，並讚揚其神蹟。

　　牌樓一楹聯之二：

　　　受命巍巍，威伏群魔，劍氣橫秋崇上帝，

　　　天心耿耿，德加萬姓，香煙繞日護中華。

　　此爲十五言的長偶對聯，上下聯首句崁「受」、「天」二字。本聯寫出玄天上帝有武將的形象，例如「劍」、「伏魔」，展其威嚇的神力；又有德者的形象，能夠保護眾多信徒，將其具有保境安民的祭祀功能顯現出來。

　　牌樓二楹聯：

　　　受命真宗，護國佑民，松嶺元機玄北極，

　　　天工巧琢，同心觭角，卦山景氣靚南溟〔註20〕。

　　此爲十五言的長偶對聯，上下聯首句崁「受」、「天」二字。相傳玄天上帝受到古代帝王的信仰而使其地位提升，因此其神力所能保衛的範圍拓展爲一個國家，此聯即寫玄天上帝的神力廣大，能夠護國佑民，並也指出「受天宮」位在的擁有極佳的靈氣與景致的風水寶地之上，得與其神力廣大相映照。

　　牌樓三楹聯：

　　　松濤沆湃，閬苑暄妍，萬海朝宗真勝境，

　　　嶺脈氳氤，神恩浩大，千秋啓聖是仙坪。

　　此爲十五言的長偶對聯，上下聯首句崁「松」、「嶺」二字。此聯以浪湧及霧氣形容出松柏嶺的山區美景，並以「勝境」、「仙坪」比喻其地理的優美，此地優美的風景及廟宇建築皆能顯玄天上帝的神力。

　　寺廟中楹聯一：

　　　受劫無殃，恩垂松柏嶺，咸沾萬姓，

　　　天宮重建，德繼武當山，永祀千秋。

　　此爲十三言的長偶對聯，上下聯首句崁「受」、「天」二字。此聯記載「受天宮」曾歷經地震及火災的劫難，廟方也多次重建廟宇的事蹟，並以此信仰起源地武當山與此廟現今位居地松柏嶺相對，顯示玄天上帝信仰的流佈關係。

〔註20〕松柏嶺位在八卦山脈之南端。

寺廟中楹聯二：

> 受禱顯神威，換中樑，廣大神通今古仰，
>
> 天恢新帝闕，覃寶島，崔巍帝德日星輝。

此為十五言的長偶對聯，上下聯首句崁「受」、「天」二字。強調玄天上帝的神通廣大，受到古今信徒的崇拜。

寺廟中楹聯三：

> 受世尊神，護國安民覃福祉，
>
> 天朝列帝，揮旗執劍伏妖邪。

此為十一言的偶句對聯，上下聯首句崁「受」、「天」二字。從聯語中可知玄天上帝在信徒心中具有保衛及降魔收妖的形象。

寺廟中楹聯四：

> 受惠閭閻，足鎮龜蛇，威儀瞻上帝，
>
> 天庥社稷，手持劍印，顯赫護中華。

此為十三言的長偶對聯，上下聯首句崁「受」、「天」二字。此聯記載玄天上帝的傳說故事，即相傳龜與蛇是玄天上帝收服其下的兵將。「足鎮龜蛇」、「手持劍印」則是玄天上帝常見的神像造型。

寺廟中楹聯五：

> 受惠中台，寶閣莊嚴，香火一龕崇上帝，
>
> 天封北極，神威顯赫，龜蛇二將護群黎。

此為十五言的長偶對聯，上下聯首句崁「受」、「天」二字。此聯敘即廟宇建築的莊嚴氛圍，「天封北極」說明此信仰與星辰崇拜的關係，亦敘及「龜蛇二將」的傳說故事。

寺廟中楹聯六：

> 受鎮松崗，劍氣千秋參北斗，
>
> 天居坎極，神恩萬世被南瀛。

此為十一言偶句對聯，上下聯首句崁「受」、「天」二字。「北斗」亦指其與星辰崇拜的關連，此聯意在讚揚玄天上帝的神恩。

寺廟中楹聯七：

> 受封真武，神靈功覃，島嶼揚清世，
>
> 天惠名間，帝闕瑞獻，龍蝦見大江。

此為十三言長偶對聯，上下聯首句崁「受」、「天」二字。記載玄天上帝

受封爲眞武大帝的傳說。相傳受天宮是位於風水寶地上，此好地理被稱爲「龍蝦見大江」。

寺廟中楹聯七：

受鎮南投，龜蛇護法邪魔懾，

天居北極，旗劍揚威社稷安。

此爲十一言偶句對聯，上下聯首句崁「受」、「天」二字。此聯敘及龜蛇二將的傳說故事，也有玄天上帝武將的形象，並運用倒裝手法，如「懾邪魔」倒裝爲「邪魔懾」、「安社稷」倒裝爲「社稷安」。

寺廟中楹聯八：

受佑蓬萊，勝跡靈分松柏嶺，

天尊上帝，神龕脈接武當山。

此爲十一言偶句對聯，上下聯首句崁「受」、「天」二字。此聯以「蓬萊仙島」指台灣島，並運用名對，如松柏嶺對武當山。

寺廟中楹聯九：

受沐神恩，七星寶劍松岡護，

天崇帝德，一柱香煙紫府通。

此爲十一言偶句對聯，上下聯首句崁「受」、「天」二字。指出玄天上帝所持的兵器爲七星寶劍。此聯運用倒裝手法，如「護松岡」倒裝爲「松岡護」、「通紫府」倒裝爲「紫府通」。

寺廟中楹聯十：

受命臨凡，服怪收妖崇北極，

天恩救世，安民護境鎮南投。

此爲十一言偶句對聯，上下聯首句崁「受」、「天」二字。此聯敘及玄天上帝的神力，也運用名對，如「北極」對「南投」，此爲地名對，而「北」對「南」爲方位對。

寺廟中楹聯十一：

受命安民，金闕化身臨寶島，

天威伏怪，玉虛顯蹟駐松崗。

此爲十一言偶句對聯，上下聯首句崁「受」、「天」二字。敘及道教神明如「金闕」、「玉虛」。「寶島」指台灣島，「松崗」指松柏嶺，此亦爲名對。

寺廟中楹聯十二：

> 受命惇惇，山望武當弘聖教，
>
> 天威凜凜，星輝北極壯玄門。

此為十一言偶句對聯，上下聯首句崁「受」、「天」二字。此聯表達期許玄天上帝的信仰能夠發揚光大。

寺廟中楹聯十三：

> 受佑蒼生，旗劍威風崇帝德，
>
> 天封玄武，龜蛇吉穴狀神宮。

此為十一言偶句對聯，上下聯首句崁「受」、「天」二字。此聯寫到玄天上帝的武將形象與傳說故事。

寺廟中楹聯十四：

> 受挫未灰心，繼振舊宮風，德被三臺靖，
>
> 天磨無懈志，崇興新帝闕，恩覃萬姓安。

此為十五言長偶對聯，上下聯首句崁「受」、「天」二字。此聯言「受挫」指受天宮因受災而重建的事蹟，並也讚揚玄天上帝庇祐信徒的神蹟。

上述楹聯有幾項特點，例如玄天上帝為道教神明系統的成員，與道教信仰有關之外，也和星辰崇拜有關，聯語中的「北極」、「天星北拱」、「北斗」等即指出此信仰與星辰崇拜相關。玄天上帝具有武將形象，例如手持七星寶劍、手持劍印、揮旗、龜蛇二將等，皆呈現武將的形象。聯語中常使用名對的手法，如「松柏嶺」對「鳳凰山」、「北極」對「南投」、「北斗」對「南瀛」等，也運用倒裝手法，使對聯趣意橫生。從聯語中也可知此信仰有強大的保衛功能，如「護國佑民」、「降魔收妖」等，聯語內涵豐富。

第二節　紫南宮——福德正神

福德正神，一般俗稱土地公。福德正神是玉皇大帝敕封的封號。祭祀土地的信仰從原始時代即開始，郝鐵川說：

> 原始社會的先民們在由狩獵採集經濟轉向定居農業經濟以後，土地
> 在人們生產領域中的重要性日益明顯了。……他們幻想土地有神
> 靈，並乞求神靈保佑。〔註21〕

〔註21〕郝鐵川：《灶王爺、土地爺、城隍爺：中國民間神研究》（上海：上海古籍出

　　由此可知，因爲人類轉爲農業生產爲主的經濟活動，而農作物須播種於土地上，仰賴土地而生長，因此讓人類對土地產生敬仰的意識，從而發展出對土地的信仰，此是自然崇拜的一種。在原始時代，此土地神的演變是從自然神，受祖先崇拜而逐漸發展爲人鬼神〔註22〕，到了夏商時代，土地祭祀開始列入國家祭典。

> 從帝王以至於百姓，都十分重視土地諸神之祭祀，所祭祀之神祇對象亦多，總其名稱爲「社稷之神」，或簡稱爲社神。《重修緯書全集·卷五·孝經援神契》說：「社者，五土之總神。土地廣博不可遍敬，故封土爲社而祀之，以報功也。」〔註23〕

　　因此，古代以「社」來代表所敬仰的土地，並且是一種祭祀儀式。夏、商時代，則有「邦社」，西周時有「太社」與「王社」，周代行封建制後，諸侯有「國社」，民間則有「里社」，這些分別是因爲階級觀念的影響。戰國、秦、漢時，因爲實行郡縣制，其土地祭壇與行政機關一樣分出等級，從中央到地方，其分爲「太社」或稱「帝社」、「郡社」、「縣社」、「里社」。三國時期，則開始有將生前有良好政績或有學問的官吏、儒生當成土地神，至此土地神不再一定是自然的土地變成，而也可以是人鬼變成的神。此觀念到唐代亦是如此。宋代的土地神多以人鬼爲主，並如同地方官吏，變成有任期、可升遷，也有夫人。明代的土地神甚至有兒子。〔註24〕

> 總之，中國封建社會的土地爺，大體可以分爲兩種表現形式：一種是官方的、列入國家祀典的「太社」、「郡社」、「縣社」、「里社」等與行政機關配套的各級社神；二是自三國以來民間流行的土地廟神。社神的神主是遙遠的、傳說中的英雄人物（如句龍、后土、大禹），土地廟神的神主則是人們熟知的、離人們時代較近的，或與人們曾一道生活的正直之人的鬼魂。〔註25〕

　　因此，原屬自然崇拜的土地神，皆開始人格化。在民間信仰中也有這種

版社，2003 年），頁 143。
〔註22〕郝鐵川：《灶王爺、土地爺、城隍爺：中國民間神研究》（上海：上海古籍出版社，2003 年），頁 141。
〔註23〕謝宗榮：《台灣傳統宗教文化》（台中市：晨星出版有限公司，2003 年），頁13。
〔註24〕同註22，頁 141～142。
〔註25〕同註22，頁 142～143。

情形，例如在誦經的經典中說到土地神是稱后土眞君，爲炎帝的子孫句龍，被皇帝敕封爲福德正神，而有傳說說到福德正神是周代的官吏張福德，此皆是把土地神當成人鬼來崇拜，使其人格化。

　　總之，古代立「社」最初的本意仍是對土地的敬仰，而後來漸將英雄人物作爲土地神，以致演變後許多人鬼成爲土地神，因此也逐漸脫離自然崇拜，此即爲土地神人格化的現象。

　　以下爲紫南宮田調實錄：

一、沿革

　　紫南宮地址位於南投縣竹山鎮社寮里大公街40號。其廟宇沿革如下：

　　俗稱福德祠、土地公廟或大公廟。址在竹山鎮社寮里大公街四〇號，即往時沙連堡社寮庄。位於濁水溪南畔該部落北端，係往時林圯埔聯絡南投地方首要渡船頭，地處交通要衝。境域約三十五坪，基地僅十一坪餘；係磚、木造平屋，規模不大，失修，傾圮不堪。沿革緣起於明鄭時，林圯帶兵遷入，曾驅逐土番於山後，而濁水溪南岸之社寮、後埔仔庄一帶，亦由杜、賴兩部將奠定墾荒基礎，但民人入山採樵，仍難免番害之威脅。於是，乾隆十年左右〔註26〕，由該地總理杜夫者首倡，就社寮、後埔仔二庄民募款二百元而創建；乃除祈求該二部落之平安與五穀豐登外，庄民入山或出外旅行，必詣禱告，隨帶其香火或護符，冀避番害，頗驗。惟未幾失修，迨咸豐五年，由陳東水者首倡，向庄民募款七百元，予以改建；斯時番害概告斂跡，乃變爲居民祈求瘉病之對象，靈驗卓絕，信徒遽增，進香者每日數十民，廟勢盛極一時。日據初，一九〇七年（明治四十年）由陳克己者首倡，就附近各庄募款一千四百元予以重修，是年九月興工，翌年一九〇八（明治四十一年），十二月（農曆十月）竣工；但爾後隨客觀情勢之變遷，漸衰；今平時香火蕭條。〔註27〕

　　文中述及建廟原由，是因爲希望創建此廟之後，能夠爲社寮、後埔仔二

〔註26〕一說是誤寫，應爲「五十」年。參見林文龍：《社寮三百年開發史》（南投：富順彩色製版、印刷有限公司，1998年），頁119。

〔註27〕劉枝萬：《南投縣風俗志宗教篇稿》（南投縣：南投縣文獻委員會，1961年），頁117～118。

地區的人民帶來平安，並且祈求五穀豐收，由此可知，紫南宮之福德正神，與原始社會對土地崇拜的本意相同，都是希望能夠藉由祭祀而得到平安。而由誦經之文中提到之「后土眞君」及「句龍」，就可發現此信仰必較接近「社神」的觀念，而非指正直之人死後轉化而成的土地神。

　　而此廟漸衰的緣由，有人指出是因爲戰後的四〇年代〔註28〕，由於戰爭因素而使此信仰逐漸式微。到了近期則又開始有復甦的現象。

　　　　民國六十九年，地方人士因鑑於紫南宮木材蝕爛不堪，且香客日增，恐發生危機，認爲有迅速拆除重建的必要，而成立重建委員會，推選莊其炎爲主任委員，以鋼筋水泥全部重建，並增建文化大樓，廟地則增至二千坪左右。〔註29〕

　　由此可知，紫南宮在民國69年後，香客是逐漸增加，有復甦現象。現今的廟貌從民國七十一年落成之後沿用至今。紫南宮的主祀神明爲福德正神，並配祀福德夫人以及文武護將，陪祀的神明有石頭公（於下圖左側）。廟方人員說福德正神擁有文武護將，是因爲傳說清代嘉慶君遊台灣，要返京時遇濁水溪的洶湧水流，爲平安渡河，嘉慶君曾求於土地公，後得平安出海，之後敕封紫南宮的福德正神，並且賜有文武護將當作隨從，供奉於福德正神與福德夫人兩側。

圖 2-2-1：紫南宮奉祀之神明〔註30〕

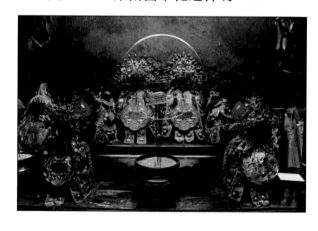

〔註28〕 林文龍：《社寮三百年開發史》（南投：富順彩色製版、印刷有限公司，1998年），頁119。
〔註29〕 同前註，頁120。
〔註30〕 紫南宮官方網站：http://www.landgod.org.tw/。

二、廟宇建築

此廟屬於南方式建築，廟貌與其他建築如下：

圖 2-2-2：紫南宮廟貌及前殿　　　　圖 2-2-3：正殿與拜殿

圖 2-2-4：鐘樓　　　圖 2-2-5：鼓樓　　　圖 2-2-6：戲臺

圖 2-2-7：金亭一　　　　　圖 2-2-8：金亭二及攤販

圖 2-2-9：提供金香

圖 2-2-10：服務中心一

圖 2-2-11：服務中心二

圖 2-2-12：社區活動中心

三、信徒與管理委員會

紫南宮的信徒，主要是地方上的人士，由於爲近來廟宇事業發展繁榮，信徒也擴增許多，有來自世界各地的信徒。其管理委員會成立於民國七十二年。由重建廟宇而成立的「重建委員會」改制爲「紫南宮管理委員會」，莊其炎先生是第一任的主任委員。現今的管理委員會成員設置有主任委員 1 名，副主任委員 1 名，委員 10 名，常務監事 1 名，監事 2 名，總務 1 名，出納1 名。

紫南宮管理委員會積極管理廟務，對公益事業也很用心，進行多項的補助，例如，對教育事業的補助，有「社寮國小、社寮國中、中州國小、中央托兒所學生教育補助」、「竹山鎮內各級學校獎學金」、「竹山鎮各中、小學清寒獎助學金」、「學費、營養午餐及其他」對象有中州國小、社寮國小、社寮國中。對公益社團活動的補助，例如「社寮文教基金會年度工作經費及各項活動經費」、「各項活動補助」、「社寮四里各社區才藝班隊師資補助」、「社寮

老人會年度工作經費及各項活動經費」、「竹山鎮內各老人會會務經費及各項
活動補助」、「『社區照顧關懷據點』送餐服務補助」、「社寮四里里辦公室的補
助」、「各社區守望相助隊的補助」、「環保義工隊及其他團體工作經費及各項
活動費用」、「慈善團體、義工團體、救助團體捐助」、「名間鄉公所活動辦理
經費補助」、「南投縣內各體育團體比賽、訓練經費補助」、「社寮里里民團體
意外保險」，此皆表現紫南宮蓬勃發展的同時，仍深知回饋地方，所以對地方
極有貢獻。

紫南宮管理委員會在民國八十五年時，計畫舉辦社寮開庄三百年慶，但
是欠缺辦理活動之人才及組織，欲委請竹山鎮公所的協助。此時社寮有社區
總體營造的計畫案件正順利推行，且當時鎮長許文欽先生亦認為此對社區有
所助益，因此支持興辦此活動。且因此次活動促成「財團法人社寮文教基金
會」的成立，接續經營社區總體營造的計畫，陳文雄先生是第一屆董事長，
陳東睦先生是第一屆執行長。此團體積極規劃社區，使地方越發展繁榮，這
亦是表現紫南宮宗教團體對於地方上的貢獻。

四、祭祀與慶典活動

紫南宮的慶典活動很多，且相當熱鬧，多方信徒皆共襄盛舉。過年時重
要的日子之一「元宵節」，此日紫南宮亦舉辦活動來慶祝，即舉辦祈求「金錢
龜」活動，此廟的「金錢龜」，原本只有「元宵金錢龜」，是富州里的里民曾
萬富先生在民國七十二年的元宵節時，自己承做第一隻「元宵金錢龜」來到
此廟，祈求土地公庇佑其生意興隆，事事如意，而也如願得到庇祐，後來應
信徒之請求，向土地公擲筊同意後，便有了「土地公金錢龜」與「中秋金錢
龜」。在元宵節這一天，即是讓信眾祈求這三尊金錢龜，而喜獲「金錢龜」的
信眾，以祈求的金錢龜種類而分別於次年的元宵節、土地公生日、中秋節時，
必須為「金錢龜」掛上紅包，再迎回紫南宮。此活動從民國七十五年開始舉
辦，到今日仍然持續。

而元宵節的次日，即正月十六日，有舉辦「吃丁酒」或稱「吃福」活動。

> 在紫南宮的信仰圈內，流傳有新婚、新丁拜土地公的習俗。每年正
> 月十六日，前一年內新婚者必以豬頭為祭品，添新丁者，必須以閹
> 雞祭拜，當晚以麻油雞請客。目前廟方為配合此一習俗，每年都會
> 在正月十六日當天準備大量的麻油雞，分饗香客，因而人潮洶湧，

盛況非凡。〔註31〕

　　此活動延續至今日，並且是全國的信眾都熱情參與。在此段時間，通常是正月十五日時，以抽籤方式選出爐主與頭家，以負責明年度慶典，例如過年節慶、二月土地公生日、中秋節三種活動的舉辦。原本爲了舉辦「吃丁酒」活動曾向居民收丁錢，但由於廟方日漸繁盛，現已取消收丁錢的制度。至於土地公生日及中秋節等兩項慶典活動，也是熱鬧非凡。

　　除了「金錢龜」外，紫南宮還提供「發財金」、「金雞」、「金箔貼金雞」、「香火包」、「平安米」、「光明燈」等服務，這些沒有特別限定日期祈求，信眾全年都可到廟裡祈求。

　　「發財金」起初是爲救濟信眾的經濟而開放信眾祈求，信眾求得「發財金」後，希望得到庇祐而賺進財富，因此紫南宮「發財金」設置的意義從救濟轉爲發財。紫南宮對求「發財金」有訂定規則，例如求金者的年齡須年滿二十歲，並且要攜帶證件如中華民國國民身分證、健保卡、駕照……等，方便服務人員作業。祈求方式是擲筊，擲筊前須先向土地公詳細說出姓名、住址及求金的用途。求金者共有六次擲筊機會，若第一次擲筊即獲得「聖筊」，就可求得「發財金」六佰元，第二次得「聖筊」則求得「發財金」五百元，以此類推，至第六次未擲出「聖筊」者，則可下次再來祈求。求得「發財金」之後，信徒即到廟方服務中心領取，「發財金」以紅包袋裝著，並必須去過香爐，而紅包袋也要保存下來，以便日後歸還。求得「發財金」的信徒，必須記得「還金」，「還金」期限爲一年，將「還金」裝入原本求得「發財金」的紅包袋，按程序來歸還。一般求得「發財金」的信眾，多半歸還金額比求得金額再多一些，這是信眾對土地公的敬意表現，也蘊含希望來年可更豐收的意義，同時可讓廟宇得到更多香火。

　　「求金雞」也是紫南宮重要的服務項目，前來祈求的信徒，多半是從商人士。「求金雞」亦有定訂規則，祈求者必須年滿二十歲，並準備「求金雞」的費用新台幣三千六百元。祈求方式亦是擲筊，擲筊前亦必須向土地公詳細說出姓名、住址及求開運金雞之用途，若得「聖筊」即可請回金雞，亦須過香爐；之後便能請回供奉。求得金雞後，放於財位上供奉。其供奉方式，即每日必須奉茶，茶水可不用每日換新，但切記不能空杯，並於下次回廟裡時

〔註31〕林文龍：《社寮三百年開發史》（南投：富順彩色製版、印刷有限公司，1998年），頁 120。

帶回金雞繞香爐。近年來，紫南宮也爲金雞設計文化活動，結合中秋慶典，在此日舉行「金雞文化季」，例如西元 2010 年即舉辦「2010 年紫南宮金雞文化季——民俗文化嘉年華活動」，活動舉行從國曆九月十八至十月十日，爲期二十三天，活動內容包含有展覽，展出「社寮地區老照片展及創意展」；踩街、大鼓陣、子弟陣、才藝班隊等團體表演；歌唱、摸彩、抽獎等活動；「射金雞蛋」、「擲筊送元寶印泥」、「放竹管炮送公仔」、「ㄉㄥˋ金雞孔送紅蛋」、「兒童竹扇繪畫賽」、「打陀螺」等讓信眾參與之民俗活動，舉行祈安儀式及紫南宮的金雞回娘家也是此活動的重頭戲，熱鬧非凡。

　　「金箔貼金雞」亦爲此廟特色之一，信眾隨意添香火錢後，可領取一張金箔來貼金雞。廟方對「金箔貼金雞」有一套俚語，即「糊雞胸，乎你家和萬事興！糊翅膀，乎你取好某！糊雞尾，乎你賺家伙！糊尻川斗，乎你才高八斗！糊金雞卵；糊圓圓，乎你賺大錢！金雞貼透透，福運攏總到！」信眾隨俚語來貼金箔，是個有趣的祈福活動。

圖 2-2-13：金雞貼金箔　　　　圖 2-2-14：紫南宮光明燈〔註32〕

　　「香火包」是廟方贈送給添油香達一千元以上的信眾，「平安米」是信眾隨意添香油錢後廟方贈送。廟裡提供「光明燈」的點燈服務，費用是一人三百元，期限爲一年，信眾隨時都可以登記點燈。

五、文物保存

　　紫南宮的碑文有「社寮紫南宮福德正神沿革」，內容如下：
> 紫南宮昔稱竹腳崎土地公廟，現稱大公廟。址竹山鎮社寮里大公街

四○號（昔稱沙連堡竹腳寮麝，位於濁水溪南畔部落北端），係往時林圯埔落為通往鹿港渡船頭。有清朝奉命開闢中路欽差大人吳光亮渡船後，立碑紀念之處，石碑現在保存有證。沿革緣起於明鄭時，林圯埔帶兵遷入，驅逐土番入山，後由杜、賴兩部將入社寮、後埔子庄共奠定墾荒基礎，但庄民入山採樵，仍難免番害之威脅。於時乾隆十年左右，由本地杜夫者，就社寮、後埔子兩庄募款二百元，而始創建本宮。除祈求該二部落之平安、五穀豐登外，庄民入山、外出旅行，必詣禱告，隨帶香火或護身符，冀避番害，頗具靈驗。但年久失修，傾圮不堪，再由陳水者再倡，向庄民募款七百元予以改建。斯時番害概告歛跡後，因神光靈威居應，凡人祈求癒病，無不應驗，所以信徒逐漸增加，廟勢盛旺一時。因原造平屋規模不大，不符應求，至光緒三十三年（明治四十年，西元一九○七年）由陳克己者提倡，就附近各庄募款壹仟柒佰元予以宮殿式重建，爾後由廟勢之變遷觀之平時香火鼎盛。祀神福德正神一尊外，再匹配福德夫人，隨附二將，並祀奉三官大帝（僅供錫爐）及石頭公。

光緒十四年一月，社寮大公街眾民集資購買水添四分四厘，捐獻本宮以為永遠香祀田，是年豎碑於廟前，以作紀念，中間有林鎮川者，獻建敬聖亭及金亭各一，奉獻本宮使用。

本宮由陳氏重建迄今經過七十五年，因久失修，木材蝕爛不堪，每逢節日，數千計信徒聚集一堂，地方人士認為於香客安全起見，有重修必要，立即促成本宮重建委員會，推尊莊其炎為主任委員，與眾信徒攜手共襄盛舉，籌劃以水泥鐵筋，並照宮殿式建造。由於信士熱情、香客踴躍贊助，民國七十年九月重建委員會成立，立即發包重建。期間眾信徒與委員同心協力，本宮建築順利於七十一年十二月竣工。至今香火更加旺盛，歸於各香客信士鼎力、善心大德造陰功積德之善事，乃本地之幸，亦是本宮之福，托福德正神之靈威，佑吾眾蒼生。

中華民國七十二年五月

此碑文與《南投縣志稿》的紀錄大致相同，其中提到另兩處碑文，目前

保存在廟中，一是「永濟義渡碑」，內文如下：

蓋聞溱洧濟人尚廣乘輿之惠，漢江漁父猶高辭劍之風，況桑梓之鄉，
澗溪之險，一水橫流，萬人病涉，苟不給值以償勞，誰肯刺舟以待
客。如彰屬之沙連保濁水渡者，當內山南北溪流之衝，湍激瀇急，
加以春夏之間，久雨纏綿，山水暴至，溜急似箭，浪湧如飛，舵工
稍一鬆手即翻船觸石兇占滅頂。論者謂台灣一小天地，濁水之勢與
黃河等，非虛語也。董君郁文，家濁水之濱，深痛其事。嘗與化成
董業師大經論興義渡，師勸而勉之。董君遂倡捐佛銀陸佰員，時有
吳君聯輝、陳君再裕等同心贊成。而董君遽逝，事遂中停，○〔註33〕
其令嗣鍾奇，心存繼志，念切扶危，再邀吳君朝陽等協力勸捐共得
銀貳仟捌元，買置美田十段，歲收子粒四百石，逐年完租，納稅給
發工資，修理船具，議定章程，矑列於左夫市，義捐金蒿，工不憂
乏食，催舵買棹，寶筏用渡迷津，利涉可占，自無望洋之嘆。將賓
至如歸，盛德與溪流俱遠；碑傳不朽，嘉名共山水爭光。豈非跋涉
行人所永恃以爲利賴哉？爰爲之誌其緣起以勒諸石。

賞戴藍翎欽加五品銜直隸州州同己未科舉人簡化成　拜撰
捐顯佛銀建立義渡諸芳名⋯⋯。
光緒五年歲次己卯董鍾奇等同立碑

廟方也立牌說明此碑的由來：

永濟義渡碑古蹟簡介

永濟義渡碑文記載：濁水人董文好善樂施，倡建社寮莊到對面濁水
莊福興宮媽祖廟間之義渡，以方便行旅往來，因濁水溪遇洪奔急，
勢如黃河，危及生命至鉅，爲免遭渡溪濁浪沸湧滅頂之患，勸捐錢
兩，置義渡田，建義渡船，以供義渡之用，免費渡送往來行人，以
繁榮熱絡兩岸。清朝光緒五年，董文之子董榮華繼父志買進渡船，
籌設義渡，歷年後大功告成，遂以「永濟號」爲名義，正式運作，
並由北投保舉人簡化成撰寫碑文，對義渡籌建經歷及捐輸人刻名銘
記。

而另一碑文是有關「香祀田」，內文如下：

全立永遠香祀田。社寮大公街眾舖戶鳩集佛銀六十大員買水田一段座落土名在溝漕埔長寮仔東至（下闕）

光緒拾肆年玖月

此廟保存之碑文，如下圖：

圖2-2-15：社寮福德正神沿革　　**圖2-2-16：永濟義渡碑與香祀田碑**

紫南宮的楹聯紀錄如下：

寺廟中楹聯一：

紫氣呈祥，十莊沾德澤，

南疆錫福，萬戶薦馨香。

此為九言偶句對聯，上下聯嵌「紫」、「南」二字。謂紫南宮神靈的吉祥與福氣，皆讓當地信眾共同享有。

寺廟中楹聯二：

濁水長流，黎庶沐恩波，

社寮永濟，神功輝義渡。

此為九言偶句對聯，上下聯嵌「紫」、「南」二字。紀念清朝年間人民之善舉，即「永濟義渡碑」所紀之事蹟。

寺廟中楹聯三：

紫綬朱纓，廣庇人文盛，

南郊東畝，宏施雨露均。

此為九言偶句對聯，上下聯嵌「紫」、「南」二字。指出福德正神的神力廣被，信眾都能受惠。

南投道教寺廟研究──以竹山等四鄉鎮為範圍

－36－

金爐楹聯一：

　　金生麗水財源廣，

　　爐聚祥煙聖德尊。

　　此爲七言單句對聯，上下聯嵌「金」、「爐」二字。謂金爐是讓信眾燃燒金錢給神明，祥煙瀰漫且錢財滾滾。

金爐楹聯二：

　　紫氣青霄鐘勝地，

　　南阡北陌沐隆恩。

　　此爲七言單句對聯，上下聯嵌「紫」、「南」二字。指紫南宮處在勝地，庇祐居民，使信眾享受恩典。

金爐楹聯三：

　　福安遐邇香煙盛，

　　德佑黎民廟貌新。

　　此爲七言單句對聯，上下聯嵌「福」、「德」二字。指福德正神保佑信眾之靈驗，而能香火鼎盛。

金爐楹聯四：

　　正氣長昭邦運永，

　　神庥廣被利源亨。

　　此爲七言單句對聯，上下聯嵌「正」、「神」二字。指出福德正神的庇祐能安邦富貴。

戲臺楹聯：

　　福順民心，粉榆共樂昇平日，

　　德護黎民，鄉閭唱歌必豐年。

　　此爲十一言偶句對聯，上下聯嵌「福」、「德」二字。此寫出戲台提供鄉民娛樂及共慶豐年的功能。

　　上述聯語多讚揚福德正神的祭祀功能，如財富、恩澤等。

第三節　靈德廟──城隍尊神

　　城隍是古代的城牆及環繞城牆的無水溝渠，劉枝萬說：

> 城隍原意城池，始見於《易經》「城復於隍，勿用師」；又《禮記》
> 所云：「天子大臘八，水庸居七」，水則隍，庸則城，是爲祭城隍之

始，由來已久。〔註34〕

所以城隍即指城牆及護城的深溝，作用是在保護城內的安全，此信仰有悠久的歷史。城隍變爲祭祀的對象，多引《禮記‧郊特牲》所記載的內容爲祭祀城隍的開始。郝鐵川說：

> 在周代，祭祀城隍神已列入國家的祭典。《禮記‧郊特牲》記載，天子有一種「蠟祭」，祭祀八種神，一是「先嗇」（農業的發明者，即神農氏），二是「司嗇」（穀物種子的發明者，即后稷），三是「農」（即「田畯」，一種監督農人耕種收穫的神），四是「郵表畷」（田畯平時在田間居處的神），五是「貓虎」（貓吃田中老鼠，虎吃坑害莊稼的野豬），六是「坊」（蓄水池），七是「水庸」，八是「昆蟲」。所謂「水庸」，許多學者認爲「水則隍也，庸則城也」，水庸即城隍。
> 〔註35〕

因此城隍的信仰起源甚早，在周代即有祭祀城隍的祭典。而城隍被奉祀爲神明，是因爲人們對於保衛城內安全的城牆與護城的溝渠所產生的崇拜，此類算是自然崇拜的一種信仰。而城隍在歷代的演變下，逐漸脫離自然神。

> 「在唐以前，城隍神是一種自然神，與人鬼尚未結合。從唐代開始，將城隍神與當地的古代名人相結合，自然神變爲人鬼。」〔註36〕

> 「唐代以人鬼爲城隍神尚未普遍，至宋代，『則城隍之祀遍天下，或錫廟額，或頒封爵，至或遷就附會，各指一人爲神之姓名。如鎮江、慶元、寧國、太平、華亭、蕪湖等郡邑，皆以爲紀信、龍且（皆奉紀信、龍且二人爲城隍神）。贛、袁、瑞、吉、建昌、臨江、南康皆以爲灌嬰是也（皆以灌嬰爲城隍神）』（《春明夢餘錄》）。此後，將死去的當代名人奉爲城隍神成爲一種慣例，元、明、清三代皆是如此。」〔註37〕

> 「城隍神本是自然神，但從隋唐開始，逐漸形成正人直臣死後成爲城隍神的觀念。（當時盛行『人之正直，死爲冥官』的信仰，而城隍

〔註34〕劉枝萬：《南投縣風俗志宗教篇稿》（南投縣：南投縣文獻委員會，1961年），頁112。

〔註35〕郝鐵川：《灶王爺、土地爺、城隍爺：中國民間神研究》（上海：上海古籍出版社，2003年），頁200～201。

〔註36〕同前註，頁204。

〔註37〕同註35，頁205。

在唐代已成爲冥官。）這種觀念到宋代又得到極大的發展，並一直影響到近代。」〔註38〕

隋唐開始，因爲當時人們產生「人之正直，死爲冥官」的思想，所以影響城隍從自然神轉爲人格神，其神明職責也跟者改變，從保衛城市改爲可以對人類賞善罰惡的神明，此職責的改變，也讓城隍神的部屬神明應運而生，其配祀神明如下：

> 城隍的配祀：（甲）文判官、武判官，（乙）馬將軍、牛將軍，（丙）延壽司、速報司、糾察司（陰陽司）獎善司、罰惡司、曾祿司，（丁）謝將軍、范將軍。除了以上各配祀神之外，還扈從三十六軍將與七十二地煞等神兵神將。〔註39〕

這些配祀神明，輔佐城隍尊神的神務，派遣到人間視察人類善惡行爲，配祀神明之多是其特色。

以下爲靈德廟田調實錄：

一、沿革

靈德廟地址位於南投縣竹山鎮竹山里下橫街 16 號，現今城隍尊神爲其主祀神明，陪祀神明有城隍夫人、福德正神、林圯公、虎爺及城隍尊神的配祀神明。劉枝萬述其沿革如下：

> 沿革緣起於道光十一年有林圯埔街總理陳朝魁者，聞之彰化街城隍廟頗爲靈應，乃前往割香，供奉於自宅，旋聘匠人雕刻神像，是年八月遂以自宅捐建廟宇，號稱城隍廟，但係土角造平屋三間，規模簡陋。爾後屢爲居民醵貲重修，則雲林縣采訪冊祠廟云：「城隍廟，在林圯埔下菜園；坐北朝南，祀城隍尊神，歲時士女焚香不絕；前爲武生陳朝魁捐建，後里人互有重修；距縣二十五里。」乃是。而光緒十五年可能曾予重修，古匾一方曰：「澤披南邦」。清末有林圯埔街總理鍾文銅者，鑑於神靈顯赫，香火鼎盛，乃予改稱，顏曰：「靈德廟」。日據初，一九○四年（明治三十七年）初，由林月汀、陳紹唐、曾君定、魏林科等人首倡，自捐一百元，另向林圯埔一帶居民

〔註38〕 呂宗力、欒保群編：《中國民間諸神・上冊》（台北：台灣學生，1991 年），頁 238。

〔註39〕 鈴木清一郎：《台灣舊慣習俗信仰》（台北：眾文圖書股份有限公司，1989 年），頁 8。

募款一百餘元，重葺屋頂，擴建拜亭，是年四月竣工，煥然一新。
祀神除主神城隍（鎮殿一尊、分身十三尊）外，並祀三官大帝（僅
供錫爐）、福德正神及林圮公（各一尊），隸祀謝將軍、范將軍等諸
神。〔註40〕

上文對廟宇起源，經訪談現任主委劉迺倉先生有不同說法。劉氏認爲本
廟奉祀城隍尊神從福建的福州地區中一間「都城隍廟」請來台灣。他說地方
人士於清朝時，過海赴京參加科舉考試，到福建的福州地區「都城隍廟」祈
求平安，爾後其考試順利，回程中又來此廟參拜。其在參拜過程中，感應「都
城隍廟」的城隍尊神有意要渡海前往台灣，他便將城隍尊神的神像偷偷帶在
身上，將城隍尊神請來台灣供奉在今日的竹山鎮，此神像今仍供奉於今日的靈
德廟中。福建省福州地區的「都城隍廟」，其佔地原有九千多坪，但經過日本戰
爭而損害，此廟地後來被建設爲其他建築，其城隍神則被供奉於小街巷內。竹
山靈德廟於管理委員會成立後，約有五次回到此間祖廟進香參拜，信徒並捐
錢協助重建廟宇。由此觀之，靈德廟廟宇的沿革尚未明確，但廟方人員顯然
比較認同現今城隍廟的祖廟，是在福建省福州地區的「都城隍廟」。

靈德廟在日治時期曾加以重建，此次重建與當時日本郡守有相當大的關
係。廟方人員說因爲日本郡守的兒子生病難癒，經人建議到靈德廟求藥籤，
照此藥方而病情得以治癒，爲了感謝城隍尊神之靈感，於是幫忙重建。

大正十四年三月（1925），因廟貌傾頹，由陳玉衡爲倡首，眾推林月
汀、陳鳳飛、魏維錡、吳牛等爲代表，向日本政府申請，大正十四
年四月一日經台中知事許可，乃向街眾勸募集資一萬元重修，以陳
玉衡綜理重修工程，於昭和一年三月（1926）告竣，次年（1927）
十月落成。〔註41〕

在日治時期後，又經幾次修整和增建：

而從民國十六年修建後又經六十多寒暑，因風雨毀損，以致屋頂漏
水，廟貌老舊。乃由曾新智、莊玉春夫婦首創募款重修，於民國七
十七年告竣。莊氏在於民國七十九年，再度發起募捐增建鐘鼓樓，
以圓亡夫曾氏之遺願。民國八十年，管理委員會主委許崧遊先生被

〔註40〕 劉枝萬：《南投縣風俗志宗教篇稿》（南投縣：南投縣文獻委員會，1961年），
頁114。

〔註41〕 竹山靈德廟（城隍廟）管理委員會：《竹山靈德廟城隍尊神》（南投：竹山靈
德廟（城隍廟）管理委員會），頁2。

公推為建設小組召集人，負責工程籌劃、發包及監工。於八十三年
完成拜亭；八十六年再完成兩廡暨後殿，使廟貌整體完美，呈現巍
峨莊嚴。〔註42〕

因此，現在的廟貌及在民國八十多年時完成。

圖 2-3-1：　　　　　　　　圖 2-3-2：本廟最早城隍神像
本廟城隍神像　　　　　　　　　（於塑膠框內）

　　靈德廟供奉的城隍尊神相當多尊，其中有五尊神像是鎮殿的城隍尊神
（如圖 2-3-2 中，供奉於最早的城隍尊神神像（塑膠框內）的後面），此五尊
城隍尊神主要目的在坐鎮本廟，其餘的城隍尊神神尊，則是提供信徒需要時
可以請出，例如各地的年尾戲、民宅入厝……等，皆可來廟裡請神作客，如
鳳凰山寺的年尾戲，就向靈德廟請神，請出神明有城隍尊神及范、謝將軍，
如下圖：

圖 2-3-3：靈德廟神明參與鳳凰山寺年尾戲

城隍神（前排左二）　　　　　　謝將軍　　　　　　　　　范將軍

〔註42〕竹山靈德廟（城隍廟）管理委員會：《竹山靈德廟城隍尊神》（南投：竹山靈
德廟（城隍廟）管理委員會），頁3。

二、廟宇建築

靈德廟是南方式建築，其建築單體有：主殿、偏殿、拜殿、金亭、附屬設施等，如下圖：

圖 2-3-4：廟貌

圖 2-3-5：主殿與拜殿

圖 2-3-6：偏殿

圖 2-3-7：偏殿

圖 2-3-8：虎爺

圖 2-3-9：金亭

圖 2-3-10：老人照顧中心

三、信徒與管理委員會

　　靈德廟的信徒主要是在地的人士，其管理委員會成立於民國八十年六月。由信徒大會推選劉迺倉為第一屆主任委員，現今的管理委員會成員設置有主任委員 1 名，副主任委員 3 名，委員 19 名，常務監事 1 名，監事 4 名，法務組長 1 名，總務 1 名。

　　管理委員會成立後，廟務管理良好，信徒也越來越多。其管理委員會也參與許多公益活動，列述如下：

　　　民國八十八年（1999）九二一大地震，甚多鎮民不敢居家住宿。廟方及時在廟埕搭蓋遮雨棚供鎮民暫時棲身，並提供伙食達一個多月。所有賑災物資，均來自全國城隍廟聯誼會所提供。

　　　民國九十年（2001）七月三十日，桃芝颱風重創竹山與鹿谷地區。本鎮尤其延正里——木屐寮、瑞竹里、秀林里——頂林、桶頭里——檳榔宅——小旗等地受害最重，許多民眾住家遭土石流淹沒或浸水。當天就成立救災中心，安頓飽受驚嚇的災民，提供熱水、衣物、熱食、住宿，這些救濟物資與捐款，均來自十方信眾，以及全國城隍廟聯誼會結交之友廟提供。靈德廟工作人員均引導友廟之救災人員，將慰問金在當場發放受災戶。

　　　民國九十年（2001）十月，納莉颱風造成台北縣、市嚴重災情。靈德廟委員會主委劉迺倉帥靈德廟全體委員、義工，攜帶救濟物資：發電機、抽水機、飯盒等，北上參與救援工作。

　　　靈德廟與中華民國老人福利推動聯盟、竹山第一生活重建服務中心合辦「老人日間照顧中心」，提供場地，供老人健身、泡茶、聊天及終身學習教室，使一群老人有所托。〔註43〕

　　上述文中顯示靈德廟對救災救濟等社會公益頗為用心，發揮善心幫助需要幫助的人，並參與全國城隍廟聯誼會，與老人公益團體結合，對地方的貢獻良多。

四、祭祀與慶典活動

　　靈德廟重要的祭典，例如過年時的祈福活動有點燈儀式、祈安禮斗法會。

〔註43〕竹山靈德廟（城隍廟）管理委員會：《竹山靈德廟城隍尊神》（南投：竹山靈德廟（城隍廟）管理委員會），頁 5～6。

正月初一開始，就有許多信徒來廟裡參拜，並登記參加祈安禮斗法會，誦經團會於正月初八或初九時開始，舉行為期五天的祈安法會。

一年中重要的祭典是城隍尊神的生日，為農曆六月十五日。靈德廟在此期間舉行遶境活動，通常農曆六月初七開始在竹山街外的地方遶境，例如到大寮、桶頭、社寮……等地遶境，而城隍尊神生日當天，則一定會在竹山街上繞境，廟內供奉一尊較大的城隍尊神神尊，通常在遶境時請出祂一起遶境，並於此時選出爐主、頭家。

靈德廟也有誦經團，其誦經生也協助管理廟務，在城隍尊神生日，或農曆每月初一、十五皆會誦經，並且也與友廟交流，例如友廟的神明生日，也會誦經為友廟奉祀的神明祝壽；而當城隍尊神生日時，各宮友廟也來祝壽。

其他祭典如農曆七月的普渡法會、農曆十月十五有平安戲。另外，此廟遵循城隍尊神聖諭，訂於農曆每月初一的吉時，接受善信的登記，為其舉行

圖 2-3-11：城隍尊神聖誕

圖 2-3-12：城隍尊神聖誕

誦經團與信徒祝壽　　　　　　　本廟供奉之大尊城隍尊神神尊

誦經禮懺，持誦消災吉祥神咒，以求上蒼開恩賜福，讓信眾長保平安、運途光明。靈德廟分香情形較少，因信徒多半認爲其爲冥界神，不適合分香於家宅供奉。靈德廟雖然分香少，但也有進香活動，前來進香的神明未必是城隍尊神，其他神明也會來進香。另外，當各宮友廟有祭祀活動時，如冬尾戲，即會來靈德廟請出城隍尊神到友廟看戲。

五、文物保存

此廟有兩處碑文，一爲「廟序」，內文如下：

> 我竹山城隍廟係前清職員陳朝魁受彰化縣委設臨時總局，自備建築塗造三間瓦屋，號爲林圯埔總局館，辦理街庄民事。局內供奉城隍尊神，而後總局撤廢，留存神像，俾左右鄰家輪流香火，魁（陳朝魁）將此地並三間瓦屋敕作公共之城隍廟，凡有到廟祈禱，感而遂通，神通漸見顯化，遠近沾恩，至今六十餘年。邇來信仰者眾，每逢六月十五日誕辰，遠近男女到廟參祝絡繹不絕，無如年久廟貌傾頹，甚不雅觀，於是街庄有志者，集合協議簽舉林月汀、陳鳳飛、魏維錡、吳牛等爲竹山郡內人民之代表，提出改築申請。經於大正十四年乙丑四月一日，受台中州知事許可，著手募集郡內寄附金，人皆向義，樂捐足數，隨時設計辦理材料改築經營，至丙寅三月終告竣，丁卯十月落成，而廟貌煥然一新，此亦由善信人等勉力之一助云耳，爰將寄附芳名勒碑數片，以垂永久紀念，是以爲序。
>
> 　　　　　　昭和三年歲次戊辰六月十五日立竹山贊承陳玉衡撰 [註44]

另一碑文爲重建後所立的廟宇沿革，內文如下：

> 本廟至民國十六年歲次丁卯落成以來，歷經六十個寒暑的風雨毀損，以致屋頂漏水，廟貌老舊。遂由曾新智、莊玉春夫婦首創募款重修，廟祝黃宗慶鼎力協助勸募，七十七年告竣，而廟貌煥然一新。莊氏於七十九年再度發起募捐，增建鐘鼓樓，以圓滿亡夫曾氏之遺願。民國八十年，劉迺倉與廟祝多方協調，始成立管理委員會。管理委員會成立後，即刻積極規畫本廟整體建設，並公推主委許崧遊副主任委員爲建設小組召集人，共同負責籌劃工程發包及監

〔註44〕竹山靈德廟（城隍廟）管理委員會：《竹山靈德廟城隍尊神》（南投：竹山靈德廟（城隍廟）管理委員會），頁2～3。

　　工事務。第一屆管理委員會於八十三年完成增建拜亭工程，第二屆管理委員會於八十六年完成增建兩廂房暨後殿工程，使本廟臻於整體完美，更爲巍峨莊嚴。茲將各期工程樂捐者芳名勒碑於后爲永久留念。

　　　　　　　　中華民八十七年歲次戊寅靈德廟管理委員會謹誌

其碑圖如下：

圖 2-3-13：碑文

廟序碑文一　　　　　　廟序碑文二　　　　　　廟序碑文三

圖 2-3-14：碑文

廟序碑文四　　　　　　　　　　重建碑文

靈德廟的楹聯紀錄如下：

寺廟中楹聯一：

靈應本兆，常回頭，同登彼岸，

德明皆敬，禱到處，共渡迷津。

此為十一言長偶句對聯，上下聯嵌「靈」、「德」二字。此可反映靈德廟宇的建立目的，即是幫助信眾脫離苦海及解決困惑，具有佛教解救眾生脫離苦海的思想。

寺廟中楹聯二：

是非不出聰明鑒，

賞罰全憑正直施。

此為七言單句對聯。此寫出城隍廟宇的特質之一，即講求是非與善惡。

寺廟中楹聯三：

善遊此地心無愧，

惡入吾地膽自寒。

此為七言單句對聯，上下聯嵌「靈」、「德」二字。此亦是寫城隍廟宇強調善惡之分。

寺廟中楹聯四：

醒迷悟道登彼岸，

瑞氣呈祥渡眾生。

此為七言單句對聯。與寺廟楹聯一意思相近，強調神明喚醒及渡化眾生。

寺廟中楹聯五：

眼前皆赤子，

頭上是青天。

此為五言單句對聯。此可反映城隍對待信眾及處世態度，認為到祂眼前的信眾都能是善良的赤子，而城隍看待本身職務態度則是秉持青天的精神，為民伸冤解難，福祐百姓。

寺廟中楹聯六：

此地難通線索，

當年枉用機關。

此為六言單句對聯。此是提醒人們要依正道而行，不要玩弄心機或意圖

不軌。

寺廟中楹聯七：

作善降祥，詎必登堂匍叩，

為惡獲禍，何須到廟哀求。

此為十言偶句對聯。此寫出做善事自有福報、為惡則必得禍的觀念，人必須懂得為自己的行為負責。

寺廟中楹聯八：

陰理陽理，陰陽統歸天理，

善心惡心，善惡出自人心。

此為十言偶句對聯。此寫為善為惡皆由自己決定，而一切理法皆遵循天理。

寺廟中楹聯九：

問心無愧，怕我鐵面什麼，

作事有差，求爾爺爺何為。

此為十言偶句對聯。此以城隍尊神的觀點為主，告訴信徒做事應問心無愧；如果行為偏差，應勇於承擔後果。

寺廟中楹聯十：

陽世官刑雖倖免，

陰司法網總難逃。

此為七言單句對聯。此寫出陰官的觀念，認為人類若有惡行，即使在陽世沒受到懲處，也終究難逃陰間的法網。上述聯語多呈現佛教的輪迴、業報等思想，勸人為善之教化意味深厚。

第三章　人鬼崇拜

第一節　鳳凰山寺——慚愧祖師

慚愧祖師是南投獨特的信仰，廟宇與信眾皆非常多。「慚愧」今有二意，一為，在史籍記載中，此神圓寂前，自認為未能渡化所有眾生，而心中感到愧疚，因而號之「慚愧」〔註1〕；另一為，張志相認為「慚愧」之名號是來自於佛經〔註2〕，此二者之解釋，皆與佛教有關聯，可看出此神與佛教的關係。「祖師」之意如下：

> 除了行業神之外，宗教界往往將祖師用來尊稱得道的高僧及比丘，如王喆稱為重陽祖師、丘處機稱丘祖師、菩提達摩稱達摩祖師、慧能為禪宗六祖；更可以將寺院的開創者稱為開山祖師，歷代名僧道稱為歷代祖師。〔註3〕

因此「祖師」可指行業神、得道高僧及寺院開創者，而慚愧祖師是屬於得道高僧一類。此神最初的發展地區是在福建、廣東一帶，此信仰的發展

〔註1〕 「一日語其徒曰：『從前佛祖皆宏演法乘，自度以度人，我未能也，心甚愧之，圓寂後，藏我骸于塔，當顏其額曰慚愧。』」參見周碩勛：《潮州府志》（台北：成文出版社，1967年），卷30，頁653。

〔註2〕 「《大般涅盤經》〈聖行品〉中有：「有七聖財，所謂信、戒、多聞、慚、愧、智慧、捨離，故名聖人」……「慚愧」為七聖財之一則無疑問。」參見張志相：〈慚愧祖師生卒年、名號與本籍考論〉，《逢甲人文社會學報》，第16期（2008年6月），頁169。

〔註3〕 林渭洲：《臺灣地區清水祖師信仰研究——以臺北、臺南地區為中心》（台南：國立成功大學歷史語言研究所碩士論文，1993年），頁8。

如下：

> 溯源於唐，元明肇基，興盛於明清，是慚愧信仰發展史的簡單寫照。〔註4〕

慚愧祖師是唐代的得道高僧，而張志相發現近代著作中有其法脈紀錄：

> 了拳出身江西黃檗寺（又稱靈鷲寺，南宋高宗賜名報恩光孝禪寺），係黃檗希運禪師法嗣（謚號斷際，塔額廣業），與臨濟宗開山祖師義渠禪師同門，屬南禪系統。其法系傳承世系如下：六祖慧能——南嶽懷讓——馬祖道——黃檗希運——陰那了拳。〔註5〕

然張志相認爲近代爲慚愧祖師整理之法系傳承有疑慮。明代李士淳寫《陰那山志》，其序寫道：

> 慚愧大師降生閩地，卓錫茲山，已登正覺，屢現報身，自唐迄今，宗風愈振。雖燃燈未續，而正缽已傳。六祖而後，師得其宗，靈莫著焉。〔註6〕

文中描述慚愧祖師爲六祖之後，得其宗法，並非常靈感，所謂言慚愧祖師爲六祖傳承者之說法或有部份可以採信，只是傳承過程是否如近代著作所言，的確還需更多資料佐證，因爲李士淳在〈重修靈光寺募緣序〉提到：

> 慚愧生於閩之沙縣，止於粵之梅州。梅與沙皆僻邑也，故其教不續於《傳燈》，而派不系於諸祖，獨潮人之人尸而祝之，祈而隨應，如叩宮角。〔註7〕

由此可知，在李士淳的年代，對唐代高僧慚愧祖師的法系傳承亦可能因資料不足而未言明，因此關於其法系傳承仍有待商榷。

有關其生平事蹟，《陰那山志》中有較爲詳細的記載，其文說明慚愧祖師俗名本爲潘拳，此命名原由是因爲其在出生時左手掌彎曲不直，因而名「拳」，後得僧人以「了」字書於左手掌上，而其手掌立刻解開，此後，其父親即爲之更名曰「了拳」；因此，慚愧祖師的俗名即爲潘了拳。祂具有神異能力，例如：

> 師當從眾牧，以仗畫地，數十牛眠齒其中，不敢逸，而更乃肥腯。

〔註4〕 汪鑑雄：《開山佑民——慚愧祖師的啓示》（南投：山川印刷有限公司，2009年），頁44。

〔註5〕 同前註，頁35。

〔註6〕 李士淳：《陰那山志》（北京：中華書局，2006年），頁2。

〔註7〕 李士淳：《陰那山志·上卷·卷一》（北京：中華書局，2006年），頁9。

或餌以炙魚，則祝而縱之，水中復活，黑質白章，今其遺種「尾上焦」；又於嶺之嶂角，左肩瀉下一脈，近逼溪潭，有石如伏虎狀，每趺坐其上，留有坐痕……云至神泉市，無舟待之久矣，師乃折葦渡河……出至江口，苦無楫，遂乘石渡河，石開蓮花，今存江滸，其形宛然……。〔註8〕

文中寫其能以神異能力來牧牛、使魚復生、折葦渡河、乘石渡河……等，皆添神秘色彩。慚愧祖師因自幼即具有佛性，其經歷又常顯其神異能力，並在當地發生旱災之際，其顯神異為居民取井，解決乾旱，因此卓錫取泉及祈雨……等事蹟，當地居民的感其恩德，至慚愧祖師圓寂後，即為之建廟奉祀。而對於李士淳文中多處敘述慚愧祖師之神異事蹟此特點，張志相認為：

流傳於明代的這些傳說軼事，實際是以民間長期以來即已存在的巫道信仰做為潛流存在。〔註9〕

此即道出當時的佛教已經與流傳已久的巫術文化結合，與正宗的佛教開始有差別，張志相亦指出，廟名也能反映此現象，他說：

從命名之使用語彙來看，程鄉、大埔部份使用佛教傳統語彙命名寺廟（即寺、院、庵、堂等）者，仍佔絕對多數，僅靈山亭、甯蹟宮例外，而自民國《大埔縣志》記載，我們得知甯蹟宮是為民間祠廟。而福建部分多數卻使用宮、廟、洞等帶有道教或民間祠廟色彩的語彙。〔註10〕

由此可見，在福建的慚愧祖師信仰也逐漸俗世化，並與道教愈趨融合。而此信仰隨著移民進入台灣。劉枝萬的調查是將此信仰歸類在佛教。

惟本神之來歷，除號稱「陰林山得道慚愧祖師公」外，不得而知，其為佛徒雖無庸置疑，然按祝生廟神像，頭戴「王爺帽」、身著「半文武」裝、趺足，而與清水祖師或三坪祖師，截然不同。〔註11〕

此反映慚愧祖師屬於佛教得道高僧的本質，但又與正統佛教有差異，如

〔註8〕 李士淳：《陰那山志‧上卷‧卷一》（北京：中華書局，2006年），頁2～3。

〔註9〕 汪鑑雄：《開山佑民——慚愧祖師的啟示》（南投：山川印刷有限公司，2009年），頁36。

〔註10〕 同前註，頁40。

〔註11〕 劉枝萬：《南投縣志搞‧南投縣風俗志宗教篇稿》（台北：成文出版社，1983年），頁75。

頭戴王爺帽、身著半文武裝等皆與佛教神明形象不同。然若依據寺廟命名的語彙來分析，可發現其所調查的十七間廟宇中，屬於道教語彙者有祝生廟、祖師公廟（鹿谷鄉秀峰村、鹿谷村；中寮鄉龍安村、永和村、廣興村；魚池新城村、中明村；竹山鎮雲林里，此八間廟皆以「祖師公廟」命名）、靈池宮、永安廟、長安廟、福同宮、慶安宮，共計有十四間；而以佛教語彙命名者有鳳凰山寺、慶福寺，計有二間；其中一間以「廳」命名〔註12〕。因此，南投的慚愧祖師信仰與道教融合的跡象亦非常明顯。觀察南投慚愧祖師信仰的祭祀方式，皆重視道教科儀，例如，有符咒、法術等，也因此在南投的慚愧祖師信仰中，已與道教結合，密不可分，成爲佛道融合的俗佛信仰。

以下爲鳳凰山寺田調實錄：

一、沿革

鳳凰山寺地址在南投縣鹿谷鄉鳳凰村廟口巷 12 號，其主祀神明爲慚愧祖師，其神像刻有九尊，陪祀神明有觀世音菩薩、天上聖母、福德正神、開台聖王、中壇元帥。廟方的沿革可從廟中的「鳳凰山寺簡介」碑文得知，其文如下：

> 本寺係奉祀陰那慚愧祖師，迄今二百餘年，清嘉慶年間，有莊阿眛者由福建率領數十人渡海來臺，至本地時居民鮮少，而適宜農牧，毅然決然定居，斬棘披榛從事墾拓。當時台地尚屬瘴雨蠻煙，阿眛奉有慚愧祖師公之香火，結草爲廬，設座禮拜，以爲守護神。奉祀既久，屢顯神靈，凡有兇蕃出草，必先示兆禁山，遇水旱疾疫必禱焉，應如桴鼓，居民益崇敬之。遂建木造廟宇，因址在頂城，世稱「頂城祖師公」。迨同治十三年，清廷爲抵禦日軍而闢東西橫貫戰徑，同年七月派福建福寧總兵吳光亮，督軍兩營綜其責。光緒元年，擇吉偕乃兄光忠由林圯埔（今竹山）東進，經大坪頂，又由頂城開工直抵鳳凰山麓，歷盡艱辛，至台東樸石閣（今玉里）全程凡兩百六十五里。開山時，吳光亮紮營於頂城附近，常遭蕃人騷擾，每晨必躬禱於祖師，虔求庇祐，並發願以他日開山成功，將重建廟宇，以答神庥，並由乃兄信官吳光忠贈獻「佑我開山」匾額，至今

猶存。相傳有一次爲蕃所困，勢甚危急，忽見祖師顯聖，化爲一群
以紅布裹頭之小孫兒，將蕃擊退，始獲脫險，語近神話，然神之所
至，冥冥中或有神助，似可取信也。吳光亮克服萬難，率將八通關
秀姑巒隘道貫通，並在鳳凰山麓巨石特書「萬年亨衢」四大字，草
書遒勁，至今尚存，列入國家一級古蹟維護之。吳光亮鑿險有功，
光緒三年擢升鎮臺，駐守台南。爲信守建廟之願，馳書頂城人士速
赴台南取銀，因交通不變徒步到達時，吳光亮奉調回京，重建之事
遂寢。鳳凰山寺之名稱，因光復後頂城改爲鳳凰村而得名，於民國
四十三年第三次改建，而現有之廟貌，係於民國八十年募捐第四次
擴大重建，肅穆莊嚴，除主神慚愧祖師外，配祀有觀音佛祖、天上
聖母、開台聖王、福德正神等，建坪約三百坪。在本寺可俯瞰二城、
永隆，遠望集集、台中；右有鳳凰連峰至白牙石；左有麒麟潭、凍
頂山，而茶圃竹林四季常青，鹿谷鶴林，全收眼底。本地爲凍頂茶
盛產地，天然條件優越，品質之佳聞名遐邇。鳳凰谷鳥園之創設而
益彰。朝山之客，得以仰瞻琳宇，而瀏覽名山，誠可比美於陰那聖
地也。

茲略述鳳凰山寺之沿革，以告世人，知所珍惜敬重，則幸福寧有涯
乎。

詹成章

中華民國八十年辛未年三月吉旦

鳳凰山寺管理委員會謹誌

　　從「鳳凰山寺簡介」碑文可知此一寺廟的香火是由莊氏所供奉，因靈驗
而受到居民崇拜，並建木造廟宇。《鳳凰永隆村志》及《鹿谷鄉志》寫其創建
年代是道光七年（西元 827 年）〔註13〕，歷史相當久遠。

二、廟宇建築

　　鳳凰山寺的寺廟建築屬於南方式，其建築單體中，有主殿、偏殿、拜殿、
金亭、牌樓、附屬設施等，如下圖：

〔註13〕　參見鳳凰永隆村志編輯委員會：《鳳凰永隆村志》（南投：南投縣鹿谷鄉鳳凰
　　　　國民小學，2001 年），頁9、南投縣鹿谷鄉志編纂委員會等編輯：《鹿谷鄉志》
　　　　（南投：投縣鹿谷鄉公所，2009 年），頁 72。

圖 3-1-1：牌樓與廟貌

圖 3-1-2：主殿與拜殿

圖 3-1-3：偏殿

圖 3-1-4：金亭與長壽俱樂部

三、信徒與管理委員會

　　鳳凰山寺是慚愧祖師香火的母廟之一，平時多為鳳凰村、永隆村居民祭祀參拜，其分香子廟眾多，在慚愧祖師誕辰前後、或有節慶時，即舉辦進香活動來到鳳凰山寺。現今管理委員會成員設置有主任委員 1 名，常務委員 1 名，總務 1 名，會計 1 名，委員 20 名，常務監事 1 名，監事 2 名，管理員 2 名。

　　管理委員會成立後，妥善管理廟務，協助各種活動舉辦。廟方也出版寺廟簡介，推廣寺廟文化。由於重視慚愧祖師的信仰來源相當重視，寺方代表於民國七十四年時，前往廣東省梅縣的靈光寺，蒐集相關的史料〔註 14〕。此次的溯源，使信眾對慚愧祖師的來歷更為清楚，不管是對信仰的源流或是學術研究都是一大貢獻。

圖 3-1-5：誦經活動

〔註 14〕鳳凰山寺管理委員會：《鹿谷鳳凰山寺簡介》（南投：鳳凰山寺管理委員會），
　　　　頁 4～5。

本寺於民國八十年成立「鳳凰山寺誦經團」，在農曆每月初一、十五日及廟內節慶皆會舉行誦經儀式，並且也會到各宮友廟誦經祝壽，增進友誼。

四、祭祀與慶典活動

鳳凰山寺在過年時亦有各式活動，例如提供點燈祈福儀式，廟方有太歲燈及光明燈，農曆正月十五日前受理登記。元宵節時舉辦慶祝元宵的活動，設置表演舞台，舉辦各式表演及舉辦抽獎，增添過年熱鬧氣氛。

圖 3-1-6：慶祝元宵

慶祝慚愧祖師誕辰為此寺的重要活動之一。每年農曆三月十六日，廟方主祀神明慚愧祖師的誕辰，有祭典儀式及各種慶祝活動，信眾、各宮友廟及分香廟宇也回母廟祝壽，是地方盛事。此日有「乞龜」活動，一般廟宇是用糯米來製作，而此寺則以麵條、各式餅乾、糖果做成發財龜，是其特色。廟方也做「金龜」，信眾以擲筊方式來獲得，能夠祈求事業順利。另信眾祝壽所準備的壽桃、麵龜，廟方也提供給其他信眾，以擲筊方式獲得。此日以擲筊方式選出爐主、頭家，負責舉辦明年的慚愧祖師誕辰慶祝活動。陪祀的神明誕辰，廟方亦為之慶祝。

此寺於農曆七月十五日，舉辦普渡法會。信徒準備祭品到鳳凰山寺，廟方舉行普渡儀式，為地方祈求平安。在農曆十月十五日，舉辦「年尾平安戲」。白日有慚愧祖師繞境活動，舉行兩天。第一天繞鳳凰村莊，第二天繞永隆村莊。鳳凰山寺設有五營，根據《鹿谷鄉志》記載：

> 台灣許多廟宇都供奉「五營」。「五營」分成「內營」和「外營」，「內

營」設置在廟內，「外營」則設置在廟外。〔註15〕

可知內、外五營是一間廟宇的侍衛兵將，此信仰的存在是一種保衛、安全的思維。此寺於兩村村落皆有設東、南、西、北營。遶境時，先從廟裡請出神明，信眾組成遶境隊伍，依序到東營、南營、西營、北營，最後回到廟裡的中營。住在這四營附近的居民，便在本地準備祭品，等待遶境隊伍的到達。繞境隊伍抵達後，道士與廟方乩身，即在營廟進行儀式。儀式完成後，信眾即祭祀本地營神，以求平安。晚間則有演戲酬神，各式表演活動，非常熱鬧。

圖 3-1-7：年尾戲遶境

遶境隊伍　　　　　　　　祈安桌與祭品　　　　　　　遶境隊伍返廟

圖 3-1-8：四營

東營　　　　　　　南營　　　　　　　西營　　　　　　　北營

此寺在農曆每月初一、十五日，舉行犒軍儀式，犒賞五營神兵的辛勞。儀式多在下午三點左右進行，民眾準備祭品到廟裡祭拜。此外，廟裡也開辦問事，為信眾消災解厄。村中居民結婚、入厝等喜慶時，慚愧祖師也會被請去做客，以求順利平安。地方上若需押煞驅邪，也能到鳳凰山寺請神辦理。

〔註15〕南投縣鹿谷鄉志編纂委員會等編輯：《鹿谷鄉志》（南投：投縣鹿谷鄉公所，2009 年），頁 707。

圖 3-1-9：押煞驅邪與進香活動

圖 3-1-10：進香活動

五、文物保存

　　鳳凰山寺的重要文物中有鯊魚劍、香樟香爐、「佑我開山」匾額，這三樣寶皆有上百年歷史，是鎮寺之寶。

　　寺中保存文物，極具歷史價值。

圖 3-1-11：文物

香樟香爐　　　　　　　　　　　「佑我開山」匾額

　　此寺有二處碑文，其中「鳳凰山寺簡介」於前文「沿革」中即述及。另一碑文爲「鳳凰山寺慚愧祖師史蹟」，內文如下：

鳳凰山寺慚愧祖師史蹟　嘉應州誌方外篇

　　了拳，陰那開山祖，姓潘，別號慚愧，閩之沙縣人，元和十二年，丁酉三月二十五日生，初生左拳曲，因名拳。彌月，一遊僧至，父抱兒示之，僧書了字於其掌，指立伸，更名曰了拳。幼穎悟，不茹葷，年十二，喪父母。依於叔母，不能容。十七，去潮之黃砂社車上村（今大埔縣地），依嫠婦游氏爲母，日與牧童登赤蕨嶺，曠觀如有所得，令放牛山麓，拳以仗畫地，牛不敢逸。或以烹魚啖之，受而投諸水，魚復活，黑質白章，今其遺種名「尾上焦」是也。嶺左溪潭，有石如伏虎，閉目趺坐其上如老僧，嘗以指甲寫「大生石頭」四字于石，大如掌，歷風雨剝落，點畫宛然。愛其山水之勝，欲結茅于此，不果，迨游母歿，爲營窀穸而去，後人爲築靈覺寺。繼之磜上甫田，有二寺，一名清泉，一名龍泉，相傳昔僧卓錫取泉之處，至神泉市，欲濟無舟，折葦以渡，登黃龍獻瓜山，循頂西行，抵坪砂社之楠樹坑，依袁姓三年而去，後人因其地爲高磜寺。爰陟芒洲岡之巔，西望陰那，五峯蟬聯，聳峙雲表，神賞者久之，便欣然欲往；過滸梓村，求水弗得，乃卓錫成井，中有石龜，至今存焉，雖旱亢泉不竭。後人建菴其地，名靈山寺，拳像在焉，歲旱遠近祈禱，其應如響。至陰那斲石刊木，建道場爲修眞地，日說法，眾多不省。住陰那三十餘年，一日語其徒曰：從前佛祖皆宏演法乘自便以度人，我未能也，心甚愧之，圓寂後，藏我骸于塔，當顏其額曰慚愧。因偈云：「四十九年，無繫無牽，如今撒手歸空去，萬里雲開月在天」語畢端坐而逝，時懿宗咸通二年辛巳九月二十五日也。

　　陰那寺，古柏三株，各大數圍，蒼翠參天，爲拳手植。歿後屢顯靈異，曾往江西與王府工匠，立券造寺，匠如其言，至陰那訪之，守者曰，師坐化已三年矣，匠謁殿前，見塑像儼如所遇。明初御史梅鼎舟過蓬辣灘，水洶湧，舟幾覆，見老僧于岸，隱約指點，舟得無恙。嘉靖間，三饒寇亂，過陰那，將士擄掠，忽雲霧四起，咫尺不辨人，賊迷失道，各村賴以全。三月誕辰，山中必有風雨，相傳爲

法雨洗殿云。（潮州府誌阮通志）

　　　　　　　　鳳凰山寺第四屆委員會芳名錄……。

　　　　中華民國八十年歲次辛未三月吉旦　詹成章　敬書

此即記錄慚愧祖師歷史，可供俸祀慚愧祖師的廟宇作爲參考。

圖 3-1-12：碑文

鳳凰山寺的楹聯紀錄如下：

牌樓楹聯一：

　　祖德流芳，佑我開山鳳凰盛，

　　師恩浩蕩，保境安民頂城興。

此爲十一言偶句對聯，上下聯嵌「祖」、「師」二字。此寫當地歷史事蹟，及慚愧祖師的信仰在於開山、保境安民。

牌樓楹聯二：

　　祖源閩南，靈道高明鎮頑野，

　　師承陰那，神威顯耀護萬民。

此爲十一言偶句對聯，上下聯嵌「祖」、「師」二字。溯源慚愧祖師的信仰及描寫神威，並且反映此神對於開拓很有貢獻。

寺廟中楹聯一：

　　祖謨遙繼岳精忠，鵝鸛軍中揚我族，

　　師訓久承班定遠，鳳凰山下挹神靈。

此爲十四言偶句對聯，上下聯嵌「祖」、「師」二字。此寫慚愧祖師如岳精忠、班定遠一樣，反映忠義思想。

寺廟中楹聯二：

　　鳳鳴山谷，一塵不染何慚愧，

　　凰棲寺院，萬象皆空眞祖師。

此爲十一言偶句對聯，上下聯嵌「鳳」、「凰」二字。上下兩聯分別以「鳳」、「凰」兩字起頭。透過鳳凰神獸寫出鳳凰村的山城特色，而寫「淨」與「空」則蘊含佛教意境，與慚愧祖師屬於佛教得道高僧的本質相符。

寺廟中楹聯三：

　　祖籍溯陰那，濟世無垠蘇萬類，

　　師門承雪嶺，傳燈有錄證三摩。

此爲十二言偶句對聯，上下聯嵌「祖」、「師」二字。此寫慚愧祖師的來源、經歷及傳播佛教的使命。

寺廟中楹聯四：

　　祖訓有言，義薄雲天，忠昭日月，

　　師傳陬語，德參天地，道貫古今。

此爲十二言長偶對聯，上下聯嵌「祖」、「師」二字。此傳達忠義思想。

寺廟中楹聯五：

　　鳳律協清音，蕭鼓四時鳴聖域，

　　凰峰環古刹，藻蘋千載薦山城。

此爲十二言偶句對聯，上下聯嵌「祖」、「師」二字。上下兩聯分別以「鳳」、「凰」兩字起頭。寫出鳳凰山寺清靜山城的特點。

寺廟中楹聯六：

　　鳳寺莊嚴，眼前便是人間淨土，

　　凰山縹緲，當下即悟心外靈泉。

此爲十二言偶句對聯，上下聯嵌「祖」、「師」二字。莊嚴的寺廟以及山中雲霧縹緲，此人間「淨土」，實爲「悟心」的絕佳勝境。上述聯語多有佛教思想，顯示慚愧祖師與佛教的關係，並也傳達忠義思想，多呈現此信仰有保衛的祭祀功能。

第二節　啓示玄機院——孔明先師

　　台灣的民間信仰中，有不少信奉歷史上先聖先賢的廟宇，例如信奉孔子的孔廟、信奉關聖帝君（關羽）的關帝廟……等等。在南投縣內，信奉先

聖先賢的廟宇中亦很多，例如天上聖母、太子元帥、孔子、關聖帝君、岳武穆王（岳飛）、孔明、包青天、太上老君（老子）、孚佑帝君（呂洞賓）、孫臏眞人、開台聖王（鄭成功）……等等，皆有信徒奉祀，可知此類信仰之繁盛。

坐落在南投縣魚池鄉的啓示玄機院，其主祀神明即爲諸葛孔明，信徒尊稱此神明爲孔明先師，此爲台灣唯一將孔明作爲主祀神明的廟宇。這間廟宇亦是多神信仰的類型，所以，除主祀神明外，還有奉祀其他神明，如慚愧祖師、玄天上帝、關聖帝君、北斗星君、南斗星君、五路武財神、天上聖母、哪吒三太子、司命帝君、三官大帝、孚佑帝君。寺廟建築分爲上下二樓，一樓主祀孔明先師，二樓主祀武聖關公。

廟方提供之資料中，對於寺廟的源起可溯源至清代，其描述如下：

> 本院始創於光緒二十一年孟秋，號稱明德堂，暫設於庄內石福添翁宅舍，奉祀玉清三相，立堂即見神靈顯赫，故香火鼎盛。至民國十三年眾議建廟，次年九月擇地興工，由石興、黃黨、石元、石清江、石德富、石明財、石林、石陳川、石長聰、陳枝、陳錄、蔡回、李木、李紅君、李瑞、李石頭等十六户起造。於民國十五年三月竣工鎮座，合祀北極玄天上帝。並於民國二十四年煅煉新乩石陳川、扶鸞闡教、施方濟世，於次年著作〈覺世金篇〉善書乙冊，警覺人心，勸善導民。民國五十五年前後殿重整廟觀，由日本明石市石標先生返鄉贊助經費，並捐獻新台幣貳拾萬元做明德堂基金。並於民國五十九年聖示原祀日月潭文武廟三官大帝三尊聖像分發駐鎮本院。至此本廟歷經數十星霜風雨浸蝕，因之眾議重修，時過境遷致有遷建之議，承蒙地方善信人士，虔誠奉獻。建廟基地廟址南投縣魚池鄉日月潭毗鄰中明村文正巷，背向文武廟松嶺，面映蓮花屏山，穴前明珠朝案，左右沙七曜星環繞，山青水秀，四時花香鳥語、滿月美景地靈鐘秀，適於玄機勝域，因決遷建。成立委員會，公推黃登鳳爲主任委員、石長聰、石建仁、石朝圳爲副主任委員，田螺污全庄户長全部爲遷建委員，立即進行遷建。

> 廟向分金聘請苗栗名師邱智堂先生擇定，自民國六十八年四月動土築基興建，工程進度緩慢，至當年十二月暫用一樓設通眞殿先行鎮座。同時尊聖示「宮殿重建堂號改序，即本院發揚之日」神意眾意

焚疎叩准改號爲「啓示玄機院」。

民國六十九年二月奉迎鹿港天后宮天上聖母分靈，民國七十一年三月奉迎北港天行宮武財神分靈合祀本院。

因靈學家盧勝彥先生評斷本院，靈氣百分率，爲神靈八○％，地靈六○％，人緣二○％，並建議增建諸葛孔明先師靈機臥龍亭，則神秘地靈人神合一之象徵，仰望本院靈應玄機啓示於世。

民國七十年四月孔明先師立像動土，塑像高三十尺，同年七月十八日開光，是時靈光顯赫，像前光芒四射，眞是蒼穹奇景，自此以後，本院聖卦靈驗非常，無不稱奇，可謂玄機妙理之眞驗也。

民國七十四年十二月全廟遷建完成，並舉行慶成謝土大典。

本院孔明先師奉旨辛酉年七月十八日子時授印。派駐任務興建斯院，相互克勤蠻務之責，咸靈台疆，玄機妙理，孔明神數，靈卦顯赫啓示於世。〔註16〕

　　觀此文，對於孔明先師成爲主祀的時間點，並未明確說明。文中提及此廟宇原奉祀之神明爲玉清三相，廟名爲明德堂。至民國十三年提議建廟，於民國十五年竣工鎮座，合祀之神明爲北極玄天上帝。民國五十九年聖示原祀日月潭文武廟三官大帝三尊聖像分發駐鎮本院。此後因眾議重修，廟宇於民國六十八年遷建，並改廟名爲啓示玄機院。修廟期間有天上聖母、武財神合祀於本院。至此，文中皆未言明孔明先師成爲主祀神明的時間。但於末段文句，則可明確知道孔明成爲當地奉祀對象的時間爲辛酉年七月十八日，辛酉年即是民國七十年，啓示玄機院於此時開始奉祀孔明，在台灣可說是相當近代才興起的民間信仰。

　　以下爲啓示玄機院田調實錄：

一、沿革

　　啓示玄機院的寺廟沿革已於前文提及，主要說明了寺廟的建立由來以及眾神明進駐本院之時間，並且提到目前之主祀神明「孔明先師」的創建時間。以下爲其他部分田調內容。

〔註16〕 石朝圳：《啓示玄機院簡介暨諸葛武侯傳記》（南投：啓示玄機院孔明廟管理委員會、天下第一軍師台疆地區孔明會，2001年），頁4～5。

二、廟宇建築

「啟示玄機院」地址位於南投縣魚池鄉中明村文正巷 5-10 號，此寺廟主神爲孔明先師。其建築方位爲座東南，向西北，其廟宇格局爲樓閣式南、北混合式建築，然北方建築風格較爲顯著，關於寺廟北方式建築風格特色，說明如下：

> 北方式建築不論是以紫禁城爲主的宮殿建築，或是一般大型廟宇建築，其建築風格的主要特色爲：一、在組群與單體的規模通常較爲龐大，建築外觀上較簡單、裝飾較少，尤其是在屋頂裝飾方面最爲明顯；二、北方式廟宇的屋頂地屋脊多偏向於單純的直線，瓦飾僅有正脊兩端的鴟吻與垂脊或戧脊尾端的仙人走獸，其裝飾則集中在大木結構與裝修之上；三、內檐裝修的頂棚多彩繪「天花」裝置，只在重要位置「藻井」，而藻井的線條造型也較多變化，使得頂棚顯得相當繁複而華麗；四、彩繪的形式多以「和璽式」或「璇子式」爲主，「蘇式彩繪」爲輔；五、在外檐裝修的檐牆隔扇上，北方式廟宇多採較爲單純的幾何圖形造型等等。〔註17〕

啟示玄機院以北方建築爲主，如下圖：

圖 3-2-1：啟示玄機院——北方式建築風格爲主

而此廟也使用南方式建築元素，南方式建築風格特色，說明如下：

> 較爲一致的風格特色是：一、屋頂、屋身之線條較爲輕快多變化，且多曲線；二、屋頂裝飾繁複，手法多件泥塑、陶磁等，裝飾物之

〔註17〕謝宗榮：《台灣傳統宗教文化》（台中市：晨星出版有限公司，2003 年），頁 147～148。

造型、顏色華麗多樣；三、屋身之棟架結構與牆面喜以雕刻、泥塑等手法加以裝飾；四、建築彩繪多以蘇式彩繪為主；五、建築組群中的單體建築規模較小，風格以秀麗為主，不似北方建築之宏偉壯麗。〔註18〕

廟裡所用之南方式建築風格，如下圖：

圖3-2-2：啟示玄機院——
南方式建築風格：石雕龍柱

圖3-2-3：啟示玄機院——
南方式建築風格：石雕壁飾

啟示玄機院的其他建築單體中，有牌樓、前埕、正殿、拜殿、鐘鼓樓、金亭、附屬設施，如下圖：

圖3-2-4：牌樓正面

圖3-2-5：牌樓背面

〔註18〕謝宗榮：《台灣傳統宗教文化》（台中市：晨星出版有限公司，2003年），頁148～150。

圖 3-2-6：前殿

圖 3-2-7：正殿

圖 3-2-8：拜殿

圖 3-2-9：鐘樓

圖 3-2-10：鼓樓

圖 3-2-11：金亭

圖 3-2-12：活動中心　　　　　圖 3-2-13：
（位於圖片右側）　　　　活動中心內提供信徒休憩

三、信徒與管理委員會

　　此廟的信徒分佈，根據廟方人員說是透過信徒的口耳相傳、網際網路的傳播、各廟宇的會香聯誼活動，使得此間廟宇得到大力的宣傳，所以信徒可擴及全世界。啟示玄機院也設有管理委員會，有主任委員 1 員、副主任委員 1 員、委員 9 員、候補委員 3 員、常務堅事 1 員、監事 2 員、候補監事 1 員。

　　此管理委員會的成員入會方式，廟方人員之說法是只要信仰孔明，以及基本的會費繳交，即可成為會員，再從委員會的成員中選出監事、主任委員⋯⋯等人作為領導，協助廟務的運作。管理委員會的會務內容，主要是檢討過去一年經營的績效，可提出建議或待改進之事項，與成員互相交流意見，讓廟務運作順利，且對幫助廟務運行的服務人員，給予基本的車馬費⋯⋯等補貼。此廟的服務項目也很多，例如服務香客，提供金香、販賣糕餅飲料、亦提供香客房，讓香客可以住宿；祈求平安、開運的服務，如平安符、收驚、點各式平安燈（旺來燈、孔明燈⋯⋯）、點神尊令旗分靈、祈安禮斗、開智慧⋯⋯；求卦解籤的服務，如廟方有孔明神卦及諸葛神數，信徒求籤後也可請廟方服務人員解籤，信徒也可參加孔明會，參與祭典盛事，廟方也舉辦寺院聯誼活動。廟宇也有出版文物，例如印製簡介、經文、農民曆⋯⋯等等，讓信徒領取。對於公益活動亦有參與，例如辦理貧民急難救助、參與救災捐獻，並且計劃籌設老人會館及孔明資料館，提供休憩場所。

四、祭祀與慶典活動

玄機院所舉辦的祭典相當多，因爲廟宇供奉多尊神明，因此祝壽祭典是重要的活動之一。此外，農曆過年時，此廟宇也舉行祈福活動，並在春節期間受理登記，可以讓信徒點各種祈福燈，如安南北斗燈、安太歲燈、安孔明燈（經廟方人員說明，此孔明燈並非放天燈的形式，而是祈願燭的形式）。農曆正月初九爲玉皇大帝萬壽，俗稱天公生，此時會舉辦祈安禮斗法會、安太歲、安孔明燈……等。在農曆十二月二十四日，舉行謝南北斗星君、謝太歲的謝神法會。

啓示玄機院有一重要的祭典盛事，即爲諸葛武侯先師的聖誕，其生日爲農曆七月二十三日，此活動有一名稱，稱「孔明會」，如下圖：

圖 3-2-14：孔明會照片〔註19〕

主要是由信徒加入組成，孔明會於每年農曆七月二十一日起開始舉辦祝壽祭典，並在此活動中選出爐主、副爐主、頭家，孔明先師會在祭典上預示災難，提醒信眾躲避劫難。各方信徒於此段時間內，除了是來祝壽、表達虔誠信仰之心意外，亦可於活動中與其他信徒增進情誼，而孔明的信仰主要就是透過孔明會的活動宏揚。啓示玄機院在眾神明聖誕時所舉辦之祝壽祭典與過年期間的活動中，廟方會提供平安餐讓信徒吃平安，另對添油香的信徒，贈與壽麵，亦有吃平安的之意。此外，廟方也有由在地人士所組成的誦經團，舉行誦經儀式，除這些慶典活動外，在農曆每月初一、十五，廟裡會舉行犒軍儀式，此儀式爲廟內舉辦，未開放給信徒參與，誦經團也會在這些節

〔註19〕啓示玄機院官方網站：http://www.conming.org.tw/photo.htm。

日誦經。

祭典活動中除慶祝神明聖誕外，還有廟會活動，管理委員會將來會香的香客團體進香的日期記錄下來，廟方人員說因為此間廟宇是主廟，並未舉行到其他廟宇進香的活動，所以目前多是其他廟宇來進香。在採訪當日就有進香活動，來進香的香客團體，較屬於交誼性質的「交陪廟」：

> 而現代民間通稱的進香，則成為一種個人跟隨神明出境，與其他
> 廟宇神明「交陪」（交往）活動的總稱，為一種廣義的稱呼……。
> 〔註20〕

廟方人員提到，來進香的團體，並非其主祀神明也是孔明，亦有可能是本廟供奉之其他神明，而通常進香團體大多是來到本地神格較大的廟宇後，再來本廟進香，如先到地母廟（埔里寶湖宮）後，順道來啓示玄機院。另外，此廟提供孔明先師金尊，由廟方開光，信徒擔付鑄造金尊之費用後即可帶回供奉，而日後也可回來此廟進香，金尊如下圖：

圖 3-2-15：廟方提供之孔明先師神尊

（位於前方的小型神像）

〔註20〕 謝宗榮：《台灣傳統宗教文化》（台中市：晨星出版有限公司，2003 年），頁
191。

當日進香活動圖片如下：

圖 3-2-16：進香活動照

圖 3-2-17：進香活動照

圖 3-2-18：進香活動照

圖 3-2-19：進香活動照

　　廟裡所舉辦的祈福活動中，還有一項特殊的開運儀式，即「開智慧」。有許多家長、長輩帶孩童來廟裡接受此儀式，但並非只有小孩能參加，成人也行。「開智慧」儀式由廟方人員執行，大致的儀式過程，首先，由廟方人員準備裝好水的水杯及香，稟報孔明先師後，來到信徒面前，信徒往前看孔明先師神尊並報信徒名字，再由廟方持神咒來開智慧，儀式最後，信徒喝下之前廟方準備的水，並拿開運智慧卡一張，便完成儀式，信徒並將準備好的謝師禮獻上，「開智慧」儀式照片如下：

圖 3-2-20：開智慧儀式照　　　圖 3-2-21：開智慧儀式照

圖 3-2-22：開智慧儀式照　　　圖 3-2-23：開智慧儀式照

　　啓示玄機院主要提倡的精神爲慈悲、智慧、開示。其奉行經典有《天樞上相諸葛先師啓化眞經》、《馬前課》、〈前出師表〉、〈後出師表〉、〈戒子書〉……等與孔明相關之書籍文章，信徒學習蘊含其中的眞理即爲人處世之道，像是〈戒子書〉述說孔明認爲君子的修行之道，廟方認爲此智慧對學子影響甚鉅。除了用經典的書籍、文獻中的智慧來開示信徒，廟方認爲孔明先師還透過求卦、解籤來開示信徒，其卦書爲《孔明神卦》及《諸葛神算》，前者爲 32 卦，一般信徒來到廟裡問籤，多以此卦書爲主；後者是由《易經》中的 64 卦衍化成的 384 卦，信徒以此形式得與神佛溝通而獲得開示。

五、文物保存

　　啓示玄機院的文物中，建築物如臥龍台、孔明亭，文物類如碑文、楹聯……等等。臥龍台位於此廟的院前，是劉備三顧茅廬故事的塑像，在此院的右側，則有孔明亭，如下圖：

圖 3-2-24：臥龍台

圖 3-2-25：
孔明先師塑像、孔明燈

圖 3-2-26：孔明亭

圖 3-2-27：風管處所立介紹欄

　　在院前有交通部觀光局日月潭國家風景區管理處所立之介紹欄，文中關於此廟的創建時期與啓示玄機院沿革誌有所不同，前者將此廟溯源至日本明治三十四年（西元 1901 年），後者則更往前推至清代光緒年間，然對於孔明先師立像之時間說法則相同，皆寫爲民國七十年建造。但此介紹文中有一部份需要更正，即塑像的高度，廟方人員表示，此塑像高度應爲 30 尺，而非介紹欄中所寫的 36 尺。孔明亭也設有天公爐及拜殿，在孔明先師塑像前則有放置信徒所奠的祈願燭，此即前文所提及之孔明燈。

　　此廟有二處碑文，「南投縣魚池鄉啓示玄機院孔明廟碑文」位於寺廟前方，內文如下：

南投縣魚池鄉啓示玄機院孔明廟碑文

諸葛亮字孔明號臥龍，生於公元一八一年農曆七月廿三日，山東沂南縣人，逝於公元二三四年秋天，陝西岐山縣五丈原軍中，享年五十四歲。爲當時三國之蜀漢王朝丞相。孔明先師是我國歷史上最卓越的政治家和軍事家之一。有天下第一軍師之美稱。少年時正值東漢末年軍閥混戰。壯志難酬，遂隱居躬耕南陽隆中。劉備屯新野，經徐庶推薦，與關羽、張飛三人三顧茅廬方得相見。亮時年二十七，未出茅廬天下三分已定。備遂以亮爲軍師，後又進封丞相。亮輔佐劉備父子二十八年如一日，于亂世之中，歷盡艱辛爲復興漢室奮鬥不息，鞠躬盡瘁死而後已。

孔明先師以他卓越的才能，非凡的智慧，忠貞不渝的奮鬥精神，贏得他人的稱頌。死後成爲中國人民智慧的化身。爲國家民族忠誠獻身的楷模。成爲歷史上受人崇敬的偉人之一。依據明聖經註解，孔明原是廣慧星，輪迴三世相後永不再下凡塵。昇天後任天樞上相，加封金闕忠武天尊之職。

歷史上第一座紀念諸葛武侯祠，位於陝西勉縣，建於公元七九五年。而後建有武侯祠百餘座之多，其中大陸地區列爲重點文物保護單位者，則有湖北襄樊市隆中。河南南陽市臥龍崗。四川成都市武侯祠博物館。湖北蒲析縣赤壁。四川奉節縣白帝城。雲南保山縣大保市。甘肅禮縣祁山堡。陝西岐山縣五丈原。至於以神聖祭祀諸葛孔明之廟宇，全世界僅有位於南投縣魚池鄉之啓示玄機院孔明廟。其神號爲天下第一軍師中樞金闕上相孔明先師，公元一九八一年孔明先師立像，於正殿右上方動土。塑像高三十尺，至一九八五年十二月全廟重建完成，並舉行慶成謝土大典。

前古後今，預言未出茅廬天下三分已定。鞠躬盡瘁無力回天，上天因世道頹敗，人心不古，故降惡洗刷世界，另整乾坤，丁丑不算己卯年，即卯至未五年也。三災八難齊降。水火刀兵加臨。罡風掃地，萬物盡灰。翻天覆地，改換乾坤。當今世人從出生到長大，爲社會物慾所蒙蔽，萬物皆在瞬息萬變無常。若能與世無爭，人間就是一片淨土。民心安定社會祥和，政黨無政爭，族群融和，國家經濟才

能繁榮富強，共謀人類福址。立足台灣共祈國泰民安風調雨順，世界太平。

孔明廟主任委員石朝圳先生摘錄〔註21〕

圖 3-2-28：南投縣魚池鄉啟示玄機院孔明廟碑文

另一處碑文爲「啓示玄機院孔明廟九二一震災受損復建工程」，位於廟前護牆上，內容如下：

啓示玄機院孔明廟九二一震災受損復建工程

本院於九二一震災中，各項設施，建築物結構樑柱牆壁斷裂嚴重，膳房及活動中心震倒，碑樓震斜，被行政院地震勘查小組列爲危險建築，本院積極進行復建整修。

本院簡稱孔明廟，也是台灣唯一智慧傳承信仰中心，位在日月潭國家風景區重要景點之一，風景優雅，秀水青山一洞天的神仙境點。受日月潭風管處王尚德處長及縣長彭百顯重視。周圍環境工程並協調各級機關發包進行重建，因此本院復建整修須整合國家風景區，設備須要經費龐大。本院委員會通過，分年分期辦理發包工程。希望爲日月潭國家風景區吸引更多國內外遊客，增加風華遊覽美景。

本復建工程由管理委員會及顧問到全省各地參觀見習，及聖神指示下完成；並聘請草屯設計師林煥廷先生設計，由高雄大成寺廟雕刻

〔註21〕 石朝圳：《啓示玄機院簡介暨諸葛武侯傳記》（南投：啓示玄機院孔明廟管理委員會、天下第一軍師台疆地區孔明會，2001 年），頁 2～3。

廠夏江慶先生完成石雕及木雕設計施工，完成華麗莊嚴雄偉古殿景觀的新廟貌。

啟示玄機院管理委員會全體委員歷屆稟奉神聖意旨，醒喚眾生心向正道化解人禍。渡引明路賜福消災解危，可循行國泰民安，風調雨順平天下的無上玄機。眾生若奉行神人會筆明示「啟音靈竅理中明、示哲大道顯台疆。」能通千載（此經查閱，並無逗點）留史中明，實現「人傑地靈神仙境，秀水青山一洞天。」台島玄機聖地。使命尚未完成，眾生賢人君子協助努力，展往開來光明的天下第一軍師，史跡智慧的神仙展現。〔註22〕

圖3-2-29：啟示玄機院孔明廟九二一震災受損復建工程碑文

啟示玄機院的楹聯紀錄如下：

參聖門（牌樓），正、背面的楹聯皆為七言偶句對聯，背面楹聯上下聯嵌「啟」、「示」二字。此寫出本院的山光水秀，地靈人傑的地理人文特色，並希望「啟示」的教化能夠彰顯：

　　人傑地靈神仙境、秀水青山一洞天。（正面）

　　啟音寧竅理中明、示哲大道顯台疆。（背面）

一樓寺廟中楹聯一，此為十一言單句對聯，運用數字對與名對手法。是寫本院陪祀神明之一的玄天上帝，寫其法力無邊：

〔註22〕石朝圳：《啟示玄機院簡介暨諸葛武侯傳記》（南投：啟示玄機院孔明廟管理委員會、天下第一軍師台疆地區孔明會，2001年），頁9。

通竅武當一劍毫光明日月，

眞顯台島七星令幟鎮乾坤。

一樓寺廟中楹聯二，此爲十一言單句對聯，運用數字對與名對手法。此寫的是本院主祀神明孔明先師，寫出「三顧茅廬」之史實與其對劉備的扶持及其聰明才智：

三顧頻煩天下計盡扶漢鼎，

一番晤對古今情駐鎮中明。

一樓寺廟中楹聯三，此爲十一言單句對聯，運用數字對與名對手法。此是寫本院陪祀神明之一的慚愧祖師，寫其庇祐萬民的神蹟：

聖德參天綱維三界名留史，

神功遍地庇蔭萬民福延綿。

孔明亭楹聯，此爲七言單句對聯，此寫孔明擁有良好的風範及聰明才智，皆是非常傑出值得效尤：

大節英風蓋當代，

奇謀勇略號雄獅。

二樓寺廟中楹聯一，此爲十一言單句對聯，此寫南斗星君，將其掌管人類歲壽的職責寫出：

太微正曜陽宮主宰顯威靈，

南極光輝歲壽綿延參造化。

二樓寺廟中楹聯二，此爲十一言單句對聯，此寫關聖帝君，寫出對劉備的貢獻及重視仁義：

啓喚眾生志在春秋扶漢鼎，

示歸正道旨存仁義嗣南陽。

二樓寺廟中楹聯三，此爲十一言單句對聯，此寫北斗星君，寫出其擁有替人類消災解厄的職責：

北極居尊運轉璇璣司解厄，

中天位証權衡日月定消災。

二樓寺廟中楹聯四，此爲九言單句對聯，此寫關聖帝君，強調忠貞及重視義氣的風範：

心存漢室忠貞照赤日，

志在扶劉義氣貫青天。

上述聯語以院中奉祀之神明為敘寫對象，如孔明先師、玄天上帝、慚愧祖師、關聖帝君、南北斗星君。有關孔明先師的楹聯中多呈現忠義、智慧的形象。

第三節　開山廟——開山聖王

開山聖王是開山廟的主祀神，此間廟宇是建立於清光緒九年（西元 1883 年），由大水窟庄民募建。開山廟的興建原由是因為當地村民感念先賢拓墾的德澤而為之建廟，而開山廟的主祀神明的身分並不明確，在地人稱祂為「莊開山公」，其由來敘述如下：

> 相傳明末清初，有一跟隨延平郡王鄭成功渡海來台的福建漳州先賢
> （姓名失傳），來到大水堀莊，闢徑拓荒，開莊啓後，造福莊民，逝
> 世後，莊民懷其德澤，崇為「莊」姓，立廟奉祀，敬稱為「開山廟」，
> 也就是莊民心目中的「莊開山公」。〔註23〕

從此文敘述得知「莊開山公」是信徒對主祀神的稱謂，並非是其姓名。

一般而言，列入正神系統的神明，其廟宇為陽廟，如玄天上帝、天上聖母等，未列入正神系統的神明，其廟宇稱為陰廟，如大眾爺、有應公等。此間廟宇類似大眾爺廟，所以具有陰廟性質。陰廟的特色，一般只有供奉牌位而無神像〔註24〕，開山廟具有此項特徵，例如此廟宇在建廟的初期，是以莊開山公神位的石碑讓信徒祭拜，因此「開山廟」有陰廟的性質。

圖 3-3-1：開山廟廟貌：無門戶特色　　圖 3-3-2：莊開山公神位

〔註23〕鳳凰永隆村志編輯委員會：《鳳凰永隆村志》（南投：南投縣鹿谷鄉鳳凰國民小學，2001 年），頁 338。
〔註24〕李亦園：《田野圖像》（台北：立緒文化，1999 年），頁 319～320。

　　然而莊開山公與大眾爺、有應公此類陰廟之神又有些差異。相同部分如大眾爺、有應公……等神，多是無主的靈魂而成爲祭祀對象，莊開山公是信徒所知的先賢，但不知其姓名，於是與無主的靈魂崇拜相類似，因此具有陰廟的特色。

　　莊開山公成爲神明之因，是其生前爲人民心目中的賢者，並對於當時、當地有所貢獻，由於後人的感念而成爲神明；此成神的因素與大眾爺、有應公……等的陰廟神明有極明顯的不同。關於大眾爺、有應公……等神明的成神原因，劉枝萬說：

> 蓋大眾爺或百姓公乃取義於「成群之無依鬼魂」，有應公或有應媽乃取義於「有求必應」，陰光乃取義於「無嗣陰光」，金斗公係指骨骸缸，萬善公乃寓「萬善同歸」及「人皆有死，死則同歸一路」之意也。〔註25〕

　　另在鈴木清一郎的信仰觀中，此類神明將可歸類於幽鬼崇拜，他說：

> 所有那些人鬼中，因水死、刑死，或其他橫死的靈魂，都沒有資格接受人帝或天帝的敕封，因此他們只能空自在陰間徬徨遊蕩，而且經常對陽間的人類社會作祟。〔註26〕

　　上述文中即可發現此類神明成神原因與莊開山公的成神原因略有不同。其最大的不同在於陰廟神明多半是因爲人們懼怕祂們作祟，所以爲其建廟祭祀，而莊開山公是因當時的人們爲了感念他對開墾的貢獻而爲其建廟祭祀，因此比較傾向於人們對偉人的崇拜，此即不同之處。

　　根據鈴木清一郎將台灣信仰觀所做的歸類，此莊開山公的信仰可以被歸類在人類崇拜中。人類崇拜分爲人鬼崇拜及幽鬼崇拜，關於人鬼崇拜：

> 此觀念乃是子孫祭祀祖先之禮，同時也是祭祀聖賢偉人的大典；前者是祖先崇拜，後者就是所謂的神明。〔註27〕

　　關於幽鬼崇拜：

> 所謂幽鬼崇拜，就是祭祀無主的孤魂和厲鬼。〔註28〕

〔註25〕劉枝萬：《南投縣志搞・南投縣風俗志宗教篇稿》（台北：成文出版社，1983年），頁151。

〔註26〕鈴木清一郎：《台灣舊慣習俗信仰》（台北：眾文圖書股份有限公司，1989年），頁22。

〔註27〕同前註，頁22。

〔註28〕同註26，頁22。

莊開山公較屬於人鬼崇拜，而且是上述所謂的「神明」。

> 台灣人心目中的真正神明，必須是神明中的聖賢偉人，因有功勳、
> 善行或靈異，而由人帝或天帝敕封為神。〔註29〕

莊開山公雖然在記載中並未有人世帝王或神界天帝敕封的事蹟，但是祂在信徒心中是一位先賢，並有利於時人，祂是經信徒的感念其善行而崇祀。由此比較後，莊開山公的成神因素與大眾爺、有應公……等，即有所不同，其性質是較接近於人鬼崇拜。並且屬於這類崇拜而成立的廟宇，較會有陽廟的性質。

莊開山公是較屬於人鬼崇拜，何以會有陰廟的性質？此即是由於「莊開山公」具有無主靈魂的特質，且此信仰並未得到人世帝王或神界天帝的敕封。雖然莊開山公具有陰廟性質，但其顯現的特點中，又與傳統陰廟的特點有些異同。相同的特點中，例如，一般而言，陽廟在夜間會關閉廟門，而陰廟在夜間依舊開啟，開山廟即是如此。再如陰廟沒有分香廟宇〔註30〕，開山廟亦無分香的廟宇。又如陰廟極少有光明燈〔註31〕，開山廟也未設置光明燈、太歲燈等；這些是與陰廟特點相同的部份。而不同的特點中，例如

圖3-3-3：莊開山公（開山聖王）神像

〔註29〕 鈴木清一郎：《台灣舊慣習俗信仰》（台北：眾文圖書股份有限公司，1989年），頁22。

〔註30〕 李亦園：《田野圖像》（台北：立緒文化，1999年），頁319～320。

〔註31〕 同前註，頁319～320。

陰廟供奉的對象原則上都沒有神像或「金身」，一般只供牌位，甚至是石頭或枯骨罐〔註32〕，關於此特點，在初期建廟時，即是以牌位作爲供奉的對象，但在近代的供奉對象已從牌位轉爲莊開山公的神像，此即爲不同的特點之一。

其它部份如陰廟供奉的祭品以熟食茶飯爲主，且所燒紙錢多爲冥紙，多無生日可祭〔註33〕，則無上述幾項特點。信徒所準備的祭品並無特別規定需要熟食茶飯，陽廟所能祭拜的祭品，也能用來祭拜莊開山公；而開山廟所燒的紙錢並不是冥紙，而是「壽金」；另外，莊開山公，在民國五十六年，重建正殿竣工後，信徒便爲此神訂定農曆二月二日爲「莊開山公」誕辰紀念日，所以祂是有生日可祭祀，與陰廟多半無生日可祭〔註34〕不同。此外，開山廟亦有成立「開山廟管理委員會」，與陰廟多半少組織管理〔註35〕不同，這些都是與傳統陰廟有所差別的特點。

由於具備種種與陰廟相異的特點，足以使開山廟越來越脫離陰廟系統的軌跡，這可反映出此信仰的神格漸漸有被昇化的現象，李豐楙也曾提出相似的情形，如：

> 基隆人即在不斷遷建老大公廟時，從使用「漳壯士」到尊稱爲「老大公」，從改變「開鬼門」爲「開龕門」，而在廟貌與廟制上更可見當地人有意提昇其神格：諸如兼有三面壁與大門牌樓，兼用生、熟祭品，兼焚化銀紙與刈金、福金，有演戲、放電影，並有龐大的委員會組織籌辦改建、祭典；但其中也仍可見在轉變中尚遺存有陰廟的痕跡：如開龕門時所見到的仍是墓碑，並以牌位爲主而無神像，有供桌、天公爐卻未見點光明燈，並致敬點著的香煙之類，凡此均可見其未經由官方的敕封的諸多跡象。但民間主觀的意識中仍有意提昇其神格，使之從陰廟轉爲半陽廟的性質。〔註36〕

上述文中所提及陰廟性質轉變的現象，在開山廟中亦有相似的情形，開山廟漸從陰廟中轉變，因此，其廟宇呈現特有的融合陰、陽廟性質的樣貌，

〔註32〕 李亦園：《田野圖像》（台北：立緒文化，1999年），頁319～320。

〔註33〕 同前註，頁319～320。

〔註34〕 同註32，頁319～320。

〔註35〕 同註32。

〔註36〕 李豐楙：〈從成人之道到成神之道——一個台灣民間信仰的結構性思考〉，《東方宗教研究》，第4期（1994年），頁203。

從中正可看出這種信仰的確經過被昇化的過程。而這昇化的力量來自於一為神明的神威顯靈，影響信徒的作為，進而能夠提昇其神格，另一是信徒對神明有所感念、感應其神力，以致為神明提昇神格。崇祀、敕封、階位是成神及上升之道〔註37〕，未經「敕封」的開山廟，固然停留在陰廟的神格中，一旦經由地方人士有意識的昇化，所以現在的開山廟已可說是具有半陽廟的性質，莊開山公亦從陰神昇化為半陽神。

以下為開山廟田調實錄：

一、沿革

開山廟位於南投縣鹿谷鄉，其地理位置在永隆村北邊，麒麟山南麓，麒麟潭東北邊，廟址在鹿谷鄉永隆村仁義路八十之二號〔註38〕。此廟宇建立在清朝光緒年間，《鳳凰永隆村志》所記載的大事紀中，寫到開山廟的建廟時間是光緒九年（西元 1883 年），由大水窟莊民募建，但廟方保留一張「莊開山公」神位碑的圖片，其中刻有「光緒癸未年重建」文字，其圖片說明寫道：「清光緒九年（西元 1883 年）大水窟（永隆、鳳凰兩村）弟子重建開山廟立莊開山公神位之石碑」，由此看來，光緒九年應是此間廟宇的重建時間，其創建時間可再往前推進。

廟宇沿革的紀錄寫道：

> 開山廟奉祀莊開山公；清代嘉慶、道光年間，先賢（其名失傳）至大水窟，篳路藍縷，闢徑拓荒，含辛茹苦，教民栽植，傳授倫理道德，犧牲奉獻，服務莊民。逝世後，居民懷其德澤，立廟祀之，稱為開山廟。〔註39〕

因此，「開山廟」的建廟時間可推至清代嘉慶、道光年間。其廟宇沿革（參考開山廟簡介〔註40〕、《鳳凰永隆村志》〔註41〕、《鹿谷鄉志》〔註42〕）整理如下表：

〔註37〕鳳凰永隆村志編輯委員會：《鳳凰永隆村志》（南投：南投縣鹿谷鄉鳳凰國民小學，2001 年），頁 197。
〔註38〕鹿谷永隆開山廟管理委員會：〈開山廟〉（南投：鹿谷永隆開山廟管理委員會）。
〔註39〕同前註。
〔註40〕同註 38。
〔註41〕同註 37，頁 338～339。
〔註42〕南投縣鹿谷鄉志編纂委員會等編輯：《鹿谷鄉志・文化志》（南投：投縣鹿谷鄉公所，2009 年），頁 722。

表 3-3-1：開山廟沿革〔註43〕

時　間	沿　革　事　蹟
光緒九年（癸未年）	重建，間又修葺數次。
民國三十六年	在莊民的努力下重建美化，每當廟會活動期間，香客從各地蜂湧而至，人山人海，廟前擠得水洩不通。
民國五十六年	在信徒的奔畫下，擴大規模，重建正殿，竣工後，訂農曆二月二日為莊開山公誕辰紀念日，以後逐年祭祀慶祝，熱鬧非凡，燃放高空煙火，並有多場野台戲交相競技，為寧靜山城帶來熱鬧的氣氛。
民國六十二年十月	前行政院長蔣經國先生首次蒞臨參拜，並手植一株烏龍茶，留供紀念觀賞。
民國六十四年六月	前南投縣長劉裕猷先生在廟右側題有「文官下轎，武官下馬」的碑文。凡是經過開山廟的文武百官，販夫走卒，商賈過客，男女老少等，都駐足禮拜。
民國六十八年	擴建左右廂房，美化週邊環境，香客更是絡繹不絕，前副總統謝東閔先生敬掛「德澤廣被」匾額。
民國七十五年四月	前立法委員高忠信先生敬掛「護國佑民」匾額。
民國八十年	前省主席林洋港先生敬掛「神威顯赫」匾額。
民國八十二年	前立法委員賴英芳先生敬掛「共沐神恩」匾額。
民國八十三年十二月	前省長宋楚瑜先生敬掛「保境佑民」匾額。
民國八十八年七月	前中國國民黨秘書長章孝嚴先生敬掛「莊開山公廟」匾額，並手植一株烏龍茶，留供紀念觀賞。
民國八十八年八月	第二屆民選總統候選人陳水扁先生蒞廟參拜，並與村民閒話家常。
民國九十一年三月	總統陳水扁先生敬掛「神恩廣被」匾額。
民國九十二年七月	增建小脊燕尾落成。
民國九十七年九月	彩繪重修。

二、信徒與管理委員會

　　開山廟設有開山廟管理委員會，其委員會重要的理念如下：

> 秉承莊開山公拓荒闢徑、造福莊民的精神，推展文化建設，美化環
> 境，發展觀光、辦理慈善救濟，急難慰助，獎勵後進，回饋地方。
> 〔註44〕

〔註43〕鹿谷永隆開山廟管理委員會：〈開山廟〉（南投：鹿谷永隆開山廟管理委員會）。
〔註44〕鳳凰永隆村志編輯委員會：《鳳凰永隆村志》（南投：南投縣鹿谷鄉鳳凰國民
　　　　小學，2001年），頁339。

　　「開山廟管理委員會」在第四屆的信徒大會中，決議並推派主任委員劉浴浯為籌備誦經團召集人，於是在民國八十六年元月時，「莊開山廟誦經團」正式成立。此誦經團固定於農曆初一、十五日，至「開山廟」誦經演出，遇有廟會慶典，和各寺、宮、廟相互交流讚頌，〔註45〕是此廟宇的藝術文化之一。

三、祭祀與慶典活動

　　開山廟重要的慶典即是莊開山公的誕辰紀念日，其慶典中特殊的文化是「糯米龜祈福」，此即在農曆二月二日時，廟宇的「求龜」活動；糯米龜每年增大，此活動可祈求平安。以擲筊多者可以祈求得到糯米龜，保佑一年的平安。〔註46〕

圖 3-3-4：開山聖王聖誕　　　　　　　圖 3-3-5：開山聖王聖誕

圖 3-3-6：開山聖王聖誕，糯米龜　　圖 3-3-7：開山聖王聖誕，糯米龜

〔註45〕鳳凰永隆村志編輯委員會：《鳳凰永隆村志》（南投：南投縣鹿谷鄉鳳凰國民小學，2001 年），頁 341。

〔註46〕南投縣鹿谷鄉志編纂委員會等編輯：《鹿谷鄉志‧文化志》（南投：投縣鹿谷鄉公所，2009 年），頁 722。

四、文物保存

廟宇有二處碑文，一爲「莊開山公略述」，一爲「文官下轎，武官下馬」。
「莊開山公略述」內容如下：

> 莊開山廟奉祀莊開山公：清代嘉慶、道光年間，先賢（其名失傳）
> 至大水窟，蓽路藍縷，闢徑拓荒，含辛茹苦，教民栽植，傳授倫理
> 道德，犧牲奉獻，服務莊民。逝世後，居民懷其德澤，立廟祀之，
> 稱爲莊開山廟。此即莊民心目中的莊開山公，有人稱爲莊開山王公、
> 莊開山爺，因時常顯靈，治邪收妖，功德無量；如被偷禽畜，未至
> 廟前，即瘋狂奔回；強盜犯者，永受責備，驚服避之。昔日有七品
> 縣官爲久積大案來求，後得破案，保其平安，縣官隨帶文武百官前
> 來拜謝，謝曰：「開山聖王，眞正靈感，吾等應『文官下轎，武官下
> 馬』以禮敬之。」故後人也尊之爲「開山聖王」。

開山廟管理委員會主任委員　黃世裕　恭立

國立台灣師範大學文學博士　康世統　敬書

中華民國九十二年元月吉旦

圖 3-3-8：「莊開山略述」碑文

「文官下轎，武官下馬」內容如下：

> 清代中葉，嘉慶、道光年間，先賢（其名失傳）至大水窟闢徑拓
> 荒，開莊啟後，居民懷其德澤，崇爲莊姓，立廟祀之，號莊開山公

廟，年代已久，不可詳考，或云神靈顯赫，故有「文官下轎、武官下馬」禮而敬之之說。光緒癸未年重建，間又修葺數次，民國五十六年重建，農曆二月二日竣工，居民公議：以是日爲開山公誕辰，逐年祭祀。

莊院長經國先生由省府謝主席東閔先生陪同，六十二年十月二十六日蒞此瀏覽，頗多讚賞，並指示整建廟周之鳳凰風景區，以發展觀光事業。茲念先賢創業維艱，仁者志在山川，而民德惇厚，懷恩不忒，均足以彰著，僅略誌其要。

南投縣長　劉裕猷　識
中華民國六十四年六月穀旦
原碑於民國八十八年九二一大地震中龜裂，謹誌於碑後。
中華民國九十一年九月吉旦補正

圖 3-3-9：「文官下轎、武官下馬」碑文

開山廟寺廟楹聯紀錄如下：
寺廟楹聯一：此爲十一言偶句對聯，上下聯嵌「開」、「山」二字。
　開發蠻荒，福地鍾靈霑福祉，
　山巒勝境，普天照赫擁祥雲。
寺廟楹聯二：此爲十二言長偶對聯，上下聯嵌「開」、「山」二字。
　開山拓野，和番育民，功垂百世，
　山秀水清，士農薈萃，長留典型。

寺廟楹聯三：此為十二言偶句對聯，上下聯嵌「開」、「山」二字。

　橫批：開荒姓字並春山

　開拓仰襟懷，瘴雨蠻煙成勝地，

　山原輝廟宇，春茶冬筍報豐功。

寺廟楹聯四：此為十二言偶句對聯，上下聯嵌「開」、「山」二字。

　開闢紀鴻荒，熙皞群生登衽席，

　山林連鳳岫，軒楹一角祀春秋。

上述聯語多讚揚莊開山公墾拓的事蹟，並也敘及當地的風景、特產。

第四章　神靈的崇拜與寺廟的文化

第一節　崇拜思想

　　人類在原始時代就有崇拜自然的現象，產生崇拜的因素之中，相信萬物有靈是其重要的因素之一。原始時代的人類觀察所生存環境，環境中有天象，包含日月、星辰與氣象（如風、雨、雷、電等）；山川湖泊及土地等。所生存的環境中藏有許多不能確定、難以控制的現象。例如，原本平靜的自然環境會不明究裡地突然動盪，有時天朗氣清，有時雷電交加，爲了解釋這些現象，有人認爲是精靈作祟，因此自然萬物即被古人賦予靈性，遂成了崇拜的對象。徐福全說：

> 殷商時代，自然崇拜方面一如其他民族一樣，相信自然界中都有靈力或者神明，祂們是超生命的，是不可測而且普遍存在於任何時間與任何地方。大自然靈力的表現，最顯著的莫過於天象、日出、月落、雲生、雨降、風吹、谷鳴等都是。當神靈安祥時，大自然和平無事；假如神靈震怒時，則雷電交加，風疾雨勁，洪水氾濫，山崩地裂……會摧毀人類的屋宇，奪走人類的生命與財產。基於恐懼與畏怖，人類便想辦法與這些大自然之神溝通，對祂們進行祭祀、祈禱。[註1]

　　此崇拜漸漸演變成後世中自然界的諸神，如太陽星君、太陰星君，文昌神、山神、海神、土地神等，此即爲自然崇拜。

[註1]　徐福全：《台灣民間祭祀禮儀》（台北：飛燕印刷有限公司，1996 年），頁 5。

有關中國古代「神」的意義，勞思光說：

> 以「神」與「天」或「帝」比較，「神爲多數」。有所謂四方之神，
> 有所謂山川之神。在今文《尚書・堯典》（古文屬〈舜典〉）中，即
> 有「徧於群神」之語；至於周代文獻中，則「諸神」、「百神」，更屬
> 常見。大抵中國古代用「神」字，皆屬「多神」意義；涉及「一神」
> 觀念時，即用「天」或「帝」。〔註2〕

所以，在中國古代，以「神」表示諸神、百神；以「天」、「帝」代表一神。後者類似於原始時代意義「人格天」，是一主宰；前者則顯示中國古代即有多神的信仰方式。至於生發諸神信仰的總源頭，即爲原始時代人類所相信萬物有靈的思想。

相信萬物有靈的思想而影響諸神的起源，不只侷限在自然崇拜的神明，並且也發展到人類身上。萬物有靈魂，人類自也有之，而人類又產生靈魂不滅的思想，於是產生祭祖的觀念。

> 在原始人的睡夢中更會經常出現業已去世的人的形象與聲音，他們
> 開始也許並不能分辨夢與非夢，於是靈魂永存的信念會長久地停留
> 在他們的心智之中。從這個意義上講，「死而有靈」觀念是原始人生
> 命觀念的起點，也是歸宿，貫穿於原始生死觀念的始終。〔註3〕

此即道出人類相信「靈魂不滅」的思想，於是去世的祖先，其靈魂不滅，因而產生祭祖。祖先，屬於人死後變成的神，古人所給的名稱是「地示」（地祇）。

> 古代雖有「天神」與「地示（祇）」之分，但並非嚴格限定用「示」
> 指人死爲神者。如《尚書・盤庚》有「予念我先神后之勞爾先」，此
> 所謂「先神后」，即指殷之「先王」而言。對前代已死之殷王，稱之
> 爲「神后」，足見殷人早已稱人死者爲「神」。〔註4〕

因此，人死後可以稱之爲「神」。祖先的崇拜，出現的時代甚至可以更往前推進，徐福全說：

> 早在山頂洞人時代，便已有祖先崇拜的跡象，因爲他們已有埋葬屍
> 體的習慣，在屍體四周撒了許多赤鐵礦的粉粒，並有殉葬品，證明

〔註2〕 勞思光：《新編中國哲學史（一）》（台北：三民書局，2004年），頁91。
〔註3〕 閻德亮：《中國古代神話的文化觀照》（北京：人民出版社，2008年），頁59。
〔註4〕 勞思光：《新編中國哲學史（一）》（台北：三民書局，2004年），頁91。

他們大概已認為人死後還有靈魂在。〔註5〕

所以人死後為神，並讓後代為之埋葬與祭祀，即是相信靈魂存在的思想表現。此人死後為神之「神」的意義與「鬼」較為接近，勞思光說：

> 由於「神」有一部分指人死而成者，故「神」與「鬼」意義遂接近。古代文獻常以「神鬼」並稱。如《尚書·金縢》有：「能事鬼神」，「不能事鬼神」等語；即對「神」與「鬼」未作區別。而「神」與「鬼」並稱，遂與「天」或「帝」之意義益遠，而轉與「人之靈魂」觀念接近。〔註6〕

祭祀祖先在周代的意義，不再只是畏懼祖靈作祟，而是人文精神的表現，徐福全說：

> 至於祖先崇拜，基於文化經驗的累積，周人已不再像殷人活在祖靈恐懼的陰影底下，不再以為人間災禍疾苦全是祖靈作祟，因而祖先祭祀的目的不復全係禳祓災難，代替它的是報本反始、飲水思源的人文精神。〔註7〕

在「報本反始、飲水思源」的觀念下，並且加上「靈魂不滅」的思想，即把原本在世的英雄人物，在其死後作為神來崇拜，於是祭祖逐漸演變為鬼神崇拜，因而產生除了祖先之外的崇拜對象，例如先聖先賢等，這些即屬於鬼神崇拜一類。

由上述可知，自然與鬼神崇拜的因素，即是人類認為「萬物有靈」，並且此靈能影響人類的禍福，加上「靈魂不滅」的思想，靈可以持續影響人的禍福，以致產生對自然與鬼神的崇拜信仰。

第二節　自然神的人格化

觀察本論文研究的神明，可以發現在自然神之人格化是其特色；而人格神中，神化是其特點。此現象，在其神明來源演變中皆能看出，於本章第二與第三節作討論。有關自然神的人格化，本節以玄天上帝、福德正神及城隍尊神的人格化做分析。

〔註5〕　徐福全：《台灣民間祭祀禮儀》（台北：飛燕印刷有限公司，1996年），頁4～5。
〔註6〕　同註4，頁92。
〔註7〕　同註5，頁7。

一、玄天上帝

玄天上帝從星辰崇拜之神變爲聖獸，其人格化後演變爲人格神。此神之人格化表現，歷經幾道過程，以下引用呂宗力的文章加以論述：

第一，天界的神成爲人格神，必須先降世在人間。

> 「建隆之初，鳳翔府盩屋縣民張守眞遊終南山，聞空中召之者，曰：『吾高天大聖玉帝輔臣，授命衛時，乘龍降世。』」〔註8〕

> 「玄天上帝乃元始化身，太極別體，上三皇下降爲太始眞人，中三皇時下降爲太元眞人，下三皇時下降爲太乙眞人，至黃帝時下降爲玄天上帝。」〔註9〕

> 「太始化身，太極別體，在天皇時爲太始，地皇時在天曰太素，人皇時下降爲太樸。」〔註10〕

> 「太陰化生，水位之精。……數終永甲，妖氣流行。上帝有敕，吾因降靈。」〔註11〕

此皆言玄天上帝「降靈於世」，其接近人間後，即具備人的特質而脫離天界，從天界的靈，降生到凡人世間，此爲人格化表現之一。

第二，玄天上帝與凡人一樣降生於世，尤其是從母體誕生，此點更爲貼近人間。

> 「開皇初劫下世，紫雲元年，歲建甲午，三月初三甲寅庚午時，符太陽之精，托胎化生，淨樂國王善勝夫人之腹秀一十四月，則太上八十二化也。」〔註12〕

> 「玄帝乃先天始氣，太極別體。黃帝時，下降托胎淨樂國善勝皇后。孕秀一十四月，歲建甲辰三月初三五時。」〔註13〕

從母體降生於世後，有明白的誕辰可紀，與一般世人無異，是其人格化表現之二。

〔註8〕 呂宗力、欒保群編：《中國民間諸神‧上冊》（台北：台灣學生，1991年），頁75。
〔註9〕 同前註，頁80。
〔註10〕 同註8，頁82。
〔註11〕 同註8，頁84。
〔註12〕 同註8，頁80。
〔註13〕 同註8，頁86。

第三，擁有人的身形，著服裝。

> 「趙粹中爲吏部侍郎，夢出至廳上，吏報客通謁，其長七尺，著道士羽服，形容端嚴，是其刺字曰：『北方鎮天眞武靈眞君』。」〔註14〕

> 「是時玄帝身長九尺，面如滿月，龍眉鳳目，紺髮美髯，顏如冰清，頂戴玉冠，身披松羅之服，跣足拱手，立於紫霄峰頂。」〔註15〕

> 「眞武廟。廟凡兩處。……至夜，賊眾見城頭赤面長髯人按劍疾視，遂解圍遁去。」〔註16〕

上述例中，可見玄天上帝出現人類的形貌和衣著打扮。其身形樣貌的描述包含身高，言七尺或九尺；描述其臉型外觀，則圓潤如滿月一般；描述其五官，則眼睛如鳳、眉毛如龍；且有頭髮髯鬚；述其氣質，則是端嚴、冰清、威嚴，這些都突顯人的形象，此爲人格化表現之三。

第四，擁有人生經歷及人品個性。

> 「生而神靈，察微知遠，長而勇猛，唯務修行，志除邪魔。」〔註17〕

> 「生而神靈，舉措隱顯，年及十歲，經典一覽悉皆默會，仰觀府察，靡所不通。潛心念道，志氣太虛，願輔上帝，普福兆民，父王不能抑志。年十五，辭父母，欲尋幽谷，內煉元眞，遂感玉清聖祖紫虛元君，傳授無極上道。」〔註18〕

上述例中，玄天上帝有聰穎、勇猛、慈善性格，並且與人一樣經歷生命過程。

第五，玄天上帝可如人間成爲將軍，擁有武器、部將，並能得到皇上的敕封。

> 進士張守眞自言：「我天之尊神，號黑煞將軍，與眞武、天蓬等列爲天之大將。」〔註19〕

玄天上帝擁有將軍頭銜，其武器配備有劍，如仗劍蹈龜蛇、仗劍坐石上、披髮仗劍等，皆是以「劍」爲武器。而其部將有龜蛇二將。

〔註14〕 呂宗力、欒保群編：《中國民間諸神・上冊》（台北：台灣學生，1991 年），頁77。
〔註15〕 同前註，頁 81。
〔註16〕 同註 14，頁 83。
〔註17〕 同註 14，頁 78。
〔註18〕 同註 14，頁 80。
〔註19〕 同註 14，頁 75。

道教遂稱眞武乃淨樂國太子，且是元始或玉皇化身，龜蛇則是被眞武收服的魔王所化。從此民間開始有龜蛇二將之說法。〔註20〕

將軍似人間官位，配有武器及部將，且能被當朝皇帝加官晉爵，此皆與世間人類之際遇相類。

第六，在台灣流行民間傳說，將玄天上帝視爲凡人。

「昔日有一屠夫，覺悟其工作造了許多殺生之業，隱入深山修煉，因受觀音大士之感召，破腹洗罪而死，因至誠感動天，死後升化爲神，諡號玄天上帝。」〔註21〕

「昔日有一屠夫，與吃齋人同路參拜崑崙山觀音佛祖，遇河不能渡，吃齋人躊躇不前，屠夫則朝拜心切，奮勇下河強渡，終底彼岸，但卻因爲殺生太重，六根不淨而未獲准進入聖地，於是乃破腹取出內臟，以表示清靜與虔誠。」〔註22〕

此將玄天上帝視爲凡人屠夫，因爲虔誠而升化爲神，完全人格化。以上所述皆玄天上帝人格化的表現。

二、福德正神

福德正神原爲土地自然神，後漸人格化，其人格化表現敘述如下：

第一，使用人的稱呼，以「公」來稱土地神。

會稽賀瑀，字彥璩，曾得疾，不知人，唯心下溫，死三日，復甦。云：「吏人將上天，見官府。入曲房，房中有層架。其上層有印，中層有劍，使瑀惟意所取，而短不及上層，取劍以出。門吏問何得，云：『得劍』。曰：『恨不得印，可策百神。劍，惟得使社公耳。』」疾癒，果有鬼來，稱社公。〔註23〕

此處是寫會稽賀瑀與土地神的經歷，以「社公」稱之，並講其爲「鬼」，此點亦是從自然神轉爲人格神的特徵，以劍能驅使牠。說驅使社公的還有以下資料：

「（費長房）能醫療眾病，鞭笞百鬼，及驅使社公。」〔註24〕

〔註20〕呂宗力、樂保群編：《中國民間諸神·上冊》（台北：台灣學生，1991年），頁96。
〔註21〕吳冠衡：《台北市寺廟神佛源流》（台北：北市民政局，2006年），頁70。
〔註22〕同前註，頁70。
〔註23〕同註20，頁243。
〔註24〕同註20，頁242。

「《左氏‧昭二十九年傳》：社稷之神爲上公。杜注：用幣於社，謂
請救於上公。《後漢書‧方術‧費長房傳》，有社公之稱。是天下社
神，通謂皆宜公。」〔註25〕

上述都用「公」字來稱社稷之神，頗似人間。

第二，託天上神之子而下凡或以人的身分成神。例如，共工氏之子即由
凡人變成土地神。

《春秋左氏傳》曰：「共工氏有子句龍，左顓頊，能平九土，爲后
土……。」〔註26〕

上例是將土地神的上一代凡人化，稱其爲共工氏的後代，是一人格化表
現。而以凡人之身份成爲土地神的說法，如說蔣子文成爲土地神。

蔣子文者，廣陵人也。漢末爲秣陵尉，逐賊至鍾山下，賊擊傷額，
有頃遂死。及吳先主之初，（見故吏）謂曰：「我當爲此土地神，以
福爾下民。爾可宣告百姓，爲我立祠，不爾，將有大咎。」於是使
使者封子文爲中都侯。〔註27〕

又如在侯官縣以造扇爲業的市井小民楊文昌，因爲人樸直安分。被選爲
土地神。

「楊文昌可作畫眉山土地，替鄭大良。」……「畫眉山者，正在西
川嘉州。郡人盡談今年二月內，多夢新土地上任。今比之昔時，頓
覺靈顯，一邦奉事，甚謹。」楊子乃知父爲神云。〔註28〕

又，台灣傳說土地神是周朝的人演變而來。

周朝士大夫之義僕張福德捨己救主，其主建廟奉祀，至周武王時爲
褒揚其義行，贈號「后土」，以後才改稱「土地公」。另一傳說爲周
朝稅官張福德爲人公正，十分體恤民間百姓之疾苦，百姓感念其爲
官時之善舉與德政，故建廟祭祀並尊稱其爲福德正神。〔註29〕

此外，歷代名人成爲土地神的，亦不乏其人。

今翰林院及吏部所祀土地神，相傳爲唐之韓昌黎，不知其所始。按

〔註25〕呂宗力、欒保群編：《中國民間諸神‧上冊》（台北：台灣學生，1991年），頁
　　　　249。
〔註26〕同前註，頁241。
〔註27〕同註25，頁242。
〔註28〕同註25，頁244。
〔註29〕吳冠衡：《台北市寺廟神佛源流》（台北：北市民政局，2006年），頁159。

《夷堅志》，湖州烏鎮普靜寺，本沈約父墓。約官於朝，嘗每歲一歸
祭掃，其反也，梁武帝輒遣昭明太子遠迎之。約不自安，遂遷葬其
父於金陵，而舍墓為普靜寺，故寺僧祀約為土地神。又《宋史‧徐
應鑣傳》：臨安太學，本岳飛故第，故岳飛為太學土地神。今翰林、
吏部之祀昌黎，蓋亦仿此。〔註30〕

上述顯示由歷代名人成為土地神的有韓愈、沈約及岳飛。其他尚有陸宣
公、子胥、武侯、衛公、蕭何、曹參、薛稷、鮮於侁、張旭等，為數不少，
亦為土地神之人格化表現。

第三，符合人世組織與經驗。例如能夠做官，擁有妻子，有上司、部屬
等，從上述楊文昌變為土地神的故事，可知其是被選為接任土地神，因此有
如人間官場組織，而屬於城隍神之部下，例如：

慶元元年正月，平江市人周翁癧疾不止。嘗聞人說癧有鬼，可以出
他處閃避。乃以昏時潛入城隍廟中，……夜且半，見燈燭陳列，兵
衛拱侍，城隍王臨軒坐，黃衣卒從外領七八人至廷下，衣冠拱侍。
王問曰：「吾被上帝敕命此邦行疫，爾輩各為一方土地神，那得稽
緩。」皆頓首聽命。其中一神獨前自曰：「某所主孝義坊，誠見本坊
居民家家良善無過惡，恐難用病苦以困之。」王怒曰：「此是天旨，
汝小小職掌，只合奉行。……」〔註31〕

此說明當時人們認為土地神是受命於城隍神，替祂審查世間人們的善
惡。

唐宋以後，經過道教的系統整理，人們逐漸形成了這樣的觀念：從
皇帝到各級地方官吏是管理陽間活人事情的，從閻王爺到郡、縣城
隍爺、到最低一級的土地爺，是管理陰間人鬼生活的。〔註32〕

此即說明神明之間有類似人間組織的情形。也因似官場組織，所以土地
神也有部下，例如虎爺。虎爺一般供奉在神案下，是專門提供給土地公使用
的坐騎。由上述可知，土地神是神明組織中的一個官位，隸屬於城隍神，並
且有部下及坐騎。另外，土地公也有家庭組織，此皆人格化表現。

〔註30〕 呂宗力、欒保群編：《中國民間諸神‧上冊》（台北：台灣學生，1991 年），頁
246。

〔註31〕 同前註，頁 243。

〔註32〕 郝鐵川：《灶王爺、土地爺、城隍爺：中國民間神研究》（上海：上海古籍出
版社，2003 年），頁 194。

第四，土地神有人之形象。例如「白髮老人」、「著長袍烏帽裝白髮翁」、「一叟烏幘白衣」、「眉髮皆白者爲社公」〔註33〕等，其形象多爲作官的白髮老先生，亦是人格化表現。

第五，土地神有誕辰。信徒定爲農曆二月二日，也與人間相同。以上所述皆福德正神人格化的表現。

三、城隍尊神

城隍神亦有許多人格化表現，敘述如下：

第一，藉由母體出世。

> 宋陳耆卿《嘉定赤誠志》三十一云：城隍廟，在大固山東北，唐武德四年建。初，吳尚書屈晃妻與神遇，生子曰坦，有神變，能興雲雨。後與母俱隱山中。及是以屈氏故居爲州治，祀爲城隍神，水旱禱祈多驗。〔註34〕

由上述可知，城隍神是人間與神界的神明所生，並有神奇能力，藉由母體降世的城隍神，與人類出世的情形相同。

第二，凡人或歷代名人演變而來的城隍神。

> 「陸游《嘉泰會稽志》云：城隍顯靈廟，在子城內臥龍山之西南。自昔記載，皆云神姓龐，諱玉。……初，王鎮越，惠澤在民，既卒，邦人追懷之，祀以爲城隍神。」〔註35〕

> 「《春明夢餘錄》曰：趙宋以來，城隍之祀遍天下……各指一人爲神之姓名，如鎮江、慶元、寧國、太平、華亭、蕪湖等都邑，皆以爲紀信、龍且。贛、袁、瑞、吉、建昌、臨江、南康皆以爲灌嬰是也。《琅邪代醉編》載：姑蘇城隍乃春申君。」〔註36〕

> 「《上海縣志》載：上海城隍乃秦裕伯，字景容，直隸大名府人，元末避地揚州，轉徙上海。」〔註37〕

上述中成爲城隍神的凡人及歷代名人有龐玉、王鎮越、紀信、龍且、灌

〔註33〕呂宗力、欒保群編：《中國民間諸神・上冊》（台北：台灣學生，1991 年），頁246、249、250。
〔註34〕同前註，頁228。
〔註35〕同註33，頁228。
〔註36〕同註33，頁231。
〔註37〕同註33，頁236。

嬰（一說爲陳嬰〔註38〕）、春申君及泰裕伯，是此神人格化之表現。

第三，有人的身形面貌。

> 「開元中滑州刺史韋秀莊來城樓，忽見一人長三尺許，紫衣朱冠參
> 謁，曰即城隍之主。」〔註39〕

> 「《新齊諧》載：康熙間，隴西城隍塑黑面而鬍者，貌頗威嚴，忽於
> 乾隆間，改塑像爲美少年。」〔註40〕

上述將城隍以人的形象顯現，身長、面貌、氣質及服裝，人的形象清晰
可見。

第四，城隍擔任陰間官職，似人間組織和制度。

城隍神有任期，可革職，並有部下可以差遣。相關資料如下：

> 唐洪洲司馬王簡易者，常暴得疾，夢見一鬼史，自稱丁郢，手執符
> 牒，云奉城隍神命，來追王簡易。〔註41〕

可知城隍爲陰官。而擔任陰官的城隍，若有不當行爲，例如幫助小偷，
將會被革職，換投訴者接任城隍一職。

> 有謝某，年甫二十……見一人來禱，乃隱於神後伺之，聞其祝曰：「今
> 夜若偷物有獲，必具三牲來獻」……次日賊竟來還願。生大不平，
> 作文責之。神夜托夢於其師，將降生禍。師醒後，問生，生抵賴，
> 師怒，搜其篋，竟有責神之稿，怒而焚之。是夜神踉蹌而至，曰：「我
> 來訴爾弟子不敬神明，將降以禍，原不過嚇嚇他。你竟將他文稿燒
> 化，被行路神上奏東岳，登時將我革職拿問，一面將此城隍之位，
> 奏明上帝，即將汝弟子補缺矣。」〔註42〕

此即傳說城隍未盡職責而終被革職。城隍任官，未體察民間，所以擁有
許多部下。

> 兩旁分列判官、牛頭、馬面、黑白無常及等鬼卒。〔註43〕

〔註38〕 呂宗力、欒保群編：《中國民間諸神・上冊》（台北：台灣學生，1991 年），頁
233。
〔註39〕 同前註，頁 227。
〔註40〕 同註 38，頁 235。
〔註41〕 同註 38，頁 227。
〔註42〕 同註 38，頁 236。
〔註43〕 徐徹、陳泰雲：《中國俗神》（上海：上海科學技術文獻出版社，2010 年），頁
155。

第五，城隍神可被加官封爵，而也可配祀有城隍夫人。

> 七年大都始建廟，封神曰佑聖王。文宗天歷二年八月，加王及夫人
> 號曰護國保寧。〔註44〕

所以，城隍神也如人間家庭組織般配祀夫人。以上所述皆城隍神人格化的表現。綜觀以上可知，自然神原本屬於自然的萬象，現今多能以科學角度解釋大自然，然而人類將之拉近人間，與生活作息做更緊密的結合，於是將之人格化成為普遍現象。

第三節 人鬼神的神化

人格神的神化，此章論述以慚愧祖師、孔明先師及開山聖王的神化為主。

一、慚愧祖師

關於慚愧祖師的神化，在史籍和傳說文獻中都有記載，分析如下：

（一）史籍記載

1.神異色彩

在神異色彩方面，例如描述慚愧祖師的誕生，有以異象的出現，顯現其不凡的出生，如：

> 生之夕，有祥雲蓋其家。〔註45〕

在他出生時，天空釋出異象，而此異象即是擁有祥和氣氛的祥雲，顯現慚愧祖師異於常人的特點。再如，其出生時有異於常人的形態：

> 元和十二年丁酉三月二十五日生，初生，左拳曲，因名「拳」。彌
> 月，一遊僧至，父抱兒示之，僧書「了」字於其拳，指立伸，更名
> 曰「了拳」。〔註46〕

出生時有異於常人的特徵，即其左手彎曲不直。經一名僧人用手書寫「了」字，神奇的讓左手掌立即可以伸展開來，因而取名為「了拳」。此也是神異特點。

〔註44〕 呂宗力、欒保群編：《中國民間諸神・上冊》（台北：台灣學生，1991年），頁229。

〔註45〕 李士淳：《陰那山志》（北京：中華書局，2006年），頁2。

〔註46〕 周碩勳：《潮州府志》（台北：成文出版社，1967年），卷30，頁653。

另一文章同樣寫慚愧祖師出生，亦強調特殊的情形：

> 初生，左拳曲，父因名「拳」。越三日，一僧至家，父抱兒出示僧，僧問父：「兒取名否？」父曰：「已名拳矣。」僧以筆書「了」字于拳，指忽自伸，因名「了拳」。僧摩兒頂曰：「是兒不凡，他日當成佛，做祖。」後十七年，復當相見，幸善視之。〔註47〕

此處描寫有一僧人至潘家，化解其出生時特異的形態，僧人並告知祂是不凡之人，日後將能夠成佛。並約定十七年後，僧人與慚愧祖師將會相見，並驗證僧人預知慚愧祖師將成佛的事情，僧人的出現以神奇力量化解慚愧祖師彎曲的手掌及預知未來皆有神異色彩。

2. 神異能力

根據史籍記載，慚愧祖師從小就有神異能力。

> 及七、八歲，嘗眾從童遊，輒踞石上閉目趺坐，寂如老僧。〔註48〕

其在七、八歲的時候，就能夠坐在石頭上面閉目打坐，顯現其有修行的功夫，而「老僧」一詞，將慚愧祖師年紀雖輕，卻能沉著穩定性格形容出來，讓人感覺慚愧祖師彷彿是已經修行多年，皆與常人不同，展現神異能力。又如：

> 「師嘗從眾牧，以仗畫地，數十牛眠齒其中，不敢逸，而更乃肥腯。或餉以炙魚，則祝而縱之，水中復活，黑質白章，今其遺種「尾上焦」；又於嶺之嶂角，左肩瀉下一脈，近逼溪潭，有石如伏虎狀，每趺坐其上，留有坐痕。並以指甲鐫「大生石頭」四字，宛若鐫成，歷今千載，風雨飄搖，野燎焦灼，及以樵牧之摩娑，而字大如掌，書大如指，探奇者遙遙嗟嘆而敬禮焉。」〔註49〕

> 「日與牧童登赤蕨嶺，曠觀如有所得。令放牛山麓，拳以仗畫地，牛不他逸；或以烹魚啖之，受而投諸水，魚復活，黑質白章，今其遺種名「尾上焦」是也；嶺左溪潭有石如伏虎，閉目趺坐其上如老僧。嘗以指甲寫「大生石頭」四字於石，大如掌，歷風雨剝落，點畫宛然。」〔註50〕

〔註47〕 李士淳：《陰那山志》（北京：中華書局，2006年），頁2。
〔註48〕 同前註，頁2。
〔註49〕 同註47，頁2～3。
〔註50〕 周碩勳：《潮州府志》（台北：成文出版社，1967年），卷30，頁653。

慚愧祖師在赤蕨嶺牧牛時，能夠「曠觀如有所得」，亦是強調其有悟性的一面。除此之外，慚愧祖師對於動物似乎又能夠有奇異的互動，例如在牧牛時，用木仗在地上畫出邊線，牛隻皆能受其控制，在規定的邊線之內活動，不敢超出範圍，且牛隻也被飼養的很好；將被煮過的魚放回水中，魚又復活起來；他打坐時是坐在形狀如老虎的石頭上面。牧牛、使魚復生、坐在像老虎的石頭上，皆在表現慚愧祖師擁有讓動物歸順或其對動物有施予恩惠的神異能力。但在「或以烹魚啖之，受而投諸水，魚復活」文字中，與慚愧祖師為佛教徒有矛盾，因為佛教講求不殺生，所以此應是作者為了突顯慚愧祖師神異能力而有的描述。其他的神異能力敘述如慚愧祖師能夠折取高的蘆草來渡過河流：

> 云至神泉市，無舟，待之久矣，師乃折葦渡河……。〔註51〕

又如，

> 出至江口，苦無楫，遂乘石渡河，石開蓮花，今存江滸，其形宛
> 然……。〔註52〕

以上所述皆非凡人能夠做到的事情，均顯其神異能力。再如，慚愧祖師能夠取出石頭裡面的水：

> 道旁有石尺許，師以指甲鐫成一盆，引滿清流，便人飲濯，今甲痕
> 歷如。〔註53〕

慚愧祖師以指甲就能夠雕刻石頭，並取引其中清澈的水流，方便民眾能夠飲用、洗滌。又如：

> 母曬穀，命師守之，適驟雨至，點水不濡，人以為神……。〔註54〕

慚愧祖師被托付守護穀物，適逢大雨來襲，但卻能使穀物不被浸溼，因此讓人們感到神奇，這也是敘述慚愧祖師神異之處。

3. 顯法事蹟

關於慚愧祖師顯法的事蹟，如在游母逝世之後即寫到報恩的經過：

> 迨游母卒，師為之營窆穸而後行。臨行遺三米果於嚴家，以罐封貯，
> 囑七日啟視，當成世寶，亦以云報也。惜嚴三日遽啟之，果生芒毛，

〔註51〕 李士淳：《陰那山志》（北京：中華書局，2006年），頁3。
〔註52〕 同前註，頁3。
〔註53〕 同註51，頁3。
〔註54〕 同註51，頁3。

有金毛，而寶不成矣。〔註55〕

慚愧祖師所依靠的游母逝世之後，他爲了報答游母恩德，於是發揮其神異的能力，即留下三米果，讓嚴家的人將之封守在罐中，必須等待七天才能夠打開來看，屆時，三米果將成爲世間的寶物。然而，嚴家的人未能有耐心的等待，在第三日時，就把罐子打開，使寶物不能形成。能夠把三米果變成世間的寶物，此寫出慚愧祖師或有點石成金般的法力。

慚愧祖師爲了解決當地缺水之災難，以神異能力取出井水，當地氣候雖極爲乾旱，但井水卻不會乾涸：

「師卓錫成井，中有石龜，至今存焉。雖極旱亢，其水不竭。」

〔註56〕

「登黃龍獻爪山，循頂西行，抵坪砂社之楠樹坑，依袁姓，三年而去，後人因其地爲高磜寺。爰陟芒洲岡之巔，西望陰那五峰蟬聯，聳峙雲表，神賞者久之，便欣然欲往。過潴梓村，求水弗得，乃卓錫成井；中有石龜，至今存焉。雖旱亢不竭，後人建庵其地，名「靈山寺」，拳像在焉。歲旱，遠近祈禱，其應如響，至陰那，斲石刊木，建道場爲修眞地。」〔註57〕

文中描述慚愧祖師到了神泉市，在此地修行，講經弘法，並創建道場。慚愧祖師在神泉市時，看到陰那山五峰相連的景致，深受吸引，於是欲前往陰那山。經過「潴梓村」的村莊時，在當地發生缺水的災難，慚愧祖師在此地爲居民取井，讓居民可以有水飲用，解決了旱災的煩惱。

（二）傳說記載

1.神異能力

謝佳玲《從開山防番到保境安民──南投縣慚愧祖師信仰研究》中收入許多關於慚愧祖師的傳說，以下擇數篇分析之：

生三子，長子達孔、次子達德、三子達明，均自幼習文練武，達明猶擅長醫術，曾治癒皇太后有功。〔註58〕

〔註55〕 李士淳：《陰那山志》（北京：中華書局，2006年），頁3。

〔註56〕 同前註，頁3。

〔註57〕 周碩勳：《潮州府志》（台北：成文出版社，1967年），卷30，頁653。

〔註58〕 謝佳玲：《從開山防番到保境安民──南投縣祖師信仰研究》（台北：台北大學民俗藝術研究所碩士論文，2008年），頁113。

　　信眾常稱慚愧祖師為「大祖師公、二祖師公、三祖師公」，是指三個兄弟。他們自年幼時，就學習文章、武藝，其中三子達明對於醫術非常擅長，曾經將皇太后的疾病治癒。再如：

> 父姓潘名達，母葛氏，生有三子，長子達孔、次子達德、三子達明。童年的達明具有佛性，抱志救世度眾。入山求道，得到治妖斬魔的法術。受其解救者醫藥兼施，他醫術高超，有一次治癒皇太后有功，稱為祖師。〔註59〕

　　此文將陰林山祖師之出生年代定為宋朝，其家世背景是貧寒純樸的，其父母忠厚守法，祖師有三兄弟。其中第三子潘達明最具佛性有普渡眾生之志向，因此進入山中求道，學到了治妖斬魔的法術，此處亦有描寫其醫術高明的能力。再如：

> 三祖師曾為當朝皇太后治癒多年痼疾，得誥封「王爺」之榮爵，受人敬仰。〔註60〕

　　此處亦提到祖師公曾經治癒皇太后的疾病，從此倍受景仰。又如：

> 陰那慚愧祖師，民初本庄善信吳錐罹患腳疾，延醫無法痊癒，經人告知往集集林尾林興宮，筊允請回慚愧三祖師公香火供奉後，腳疾竟不藥而癒，此後聖靈事蹟時現神威顯赫，治癒疑難雜症不計其數，至民國三十四年奉諭雕刻金身奉祀之。〔註61〕

　　此處，則是祖師公顯現神蹟之傳說，其文引述一信徒吳錐罹患腳疾，因一直未就醫而無法痊癒，有人告知他到慚愧祖師的寺廟，乞求慚愧三祖師公的香火來供俸，之後，疾病不藥而癒，此即祖師公有神異能力的描寫。

2. 顯法事蹟

　　《鳳凰永隆村志》記載了台灣南投地區，於清朝時期先民開墾的事蹟，其中也述及慚愧祖師為先民化解危難的傳說，以下引述幾則傳說故事：

> 相傳吳光亮與其部屬，有一次在楠仔腳萬社為蕃所困，勢甚危急，忽見祖師顯聖，化為一群以紅布裹頭之小兒，將蕃擊退，始獲脫險，語近神話，然誠之所至，冥冥中或有神助，似可取信也。〔註62〕

〔註59〕謝佳玲：《從開山防蕃到保境安民——南投縣祖師信仰研究》（台北：台北大學民俗藝術研究所碩士論文，2008年），頁113。
〔註60〕同前註，頁114。
〔註61〕同註59，頁118。
〔註62〕鳳凰永隆村志編輯委員會：《鳳凰永隆村志》（南投：南投縣鹿谷鄉鳳凰國民

　　文中敘述一將領領兵開墾，到了楠仔腳時被蕃人困住，此時，慚愧祖師顯現其神蹟，化為裹著紅頭巾的小孩，為他們擊退蕃人，如有神助。

> 本寺係侍奉陰那山慚愧祖師，迄今已有二百多年歷史，清嘉慶年間，有莊阿昧者，率其同伴數十人由福建渡海來台，至鹿谷鄉頂城莊，結草為廬，設座禮拜，安奉慚愧祖師之香火，以為守護之神。一面以從事開荒拓墾。奉之既久，屢顯神靈，凡居民入山操作者，常乞祖師之香火，以保平安，凡有兇蕃出草，祖師必先示兆，或一二日，或三四日禁山，不敢出入動作，違者恆為蕃所害；每值水旱疾疫必禱焉，應如桴鼓，居民益崇重之，遂僉議建木造平房以為廟宇，因址在頂城，世稱「頂城祖師公」，由是香火日盛，譽滿山城。〔註63〕

　　此處敘述慚愧祖師隨信徒莊阿昧傳入當地後，成為守護之神，其間亦發生顯聖之傳說，即居民為了開墾順利，在入山開墾之前，常會乞求祖師的香火來庇祐。祖師能預知蕃人何時來襲，只要蕃人欲出草時，就會顯示預兆，警惕信眾，居民若不聽從警示，往往遭遇不測。而當地如果遭逢水災或旱災時，一定會向慚愧祖師祈禱，因為感受許多靈驗事蹟，所以居民為之建立寺廟來供俸。

　　以上分別從史籍與傳說中分析慚愧祖師神化的因素，有神異色彩、神異能力及顯法事蹟，皆促使慚愧祖師由人貼近神界。此外，經文中將他納入神明組織中：

> 玉帝賜我下凡塵，孔德昭應惠世人。〔註64〕

　　言玉帝派遣使之下凡，此亦是將之貼近神界，並且可知慚愧祖師被納入神明組織中，更是為之神化的表現。

二、孔明先師

　　諸葛孔明本是歷史人物，然其本身亦具備許多異於常人的特質，而漸被神化，例如：

小學，2001年），頁330。

〔註63〕鳳凰永隆村志編輯委員會：《鳳凰永隆村志》（南投：南投縣鹿谷鄉鳳凰國民小學，2001年），頁332。

〔註64〕汪鑑雄：《開山佑民——慚愧祖師的啟示》（南投：山川印刷有限公司，2009年），頁49。

諸葛亮識破曹操刺客的故事傳說中，便將諸葛亮給描寫成爲像是觀相、算命師之流的人物，使其具有善於察言觀色，即能斷知邪正的本領，增添了些許奇異特質。〔註65〕

由上文可知孔明具有良好的察言觀色能力，並有觀相師、算命師的特質。又如：

諸葛亮在渭濱「誘詭譎萬方」，並「遣間諜覘之」，即能斷知阻戰之人必爲辛毗的故事，透過這樣的鋪陳描寫，也使得諸葛亮成爲一個善算能猜的奇譎式人物。〔註66〕

此亦說其擁有「善算能猜」的神異能力，在關於孔明的故事傳說中，這種形象是非常明顯的，因爲具備能算能猜的能力，而能精準掌握事情的脈動，人類皆佩服這種異於常人的表現，使之能夠被神化。因此在訪查啓示玄機院時，廟方特別重視《孔明神卦》及《諸葛神數》二書，即是受孔明神機妙算的形象影響，並認爲信眾求卦與解卦的過程是與神佛溝通的方式。又如：

孫盛《晉陽秋》中〈星投諸葛營〉所載：「有星赤而芒角，自東北西南流，投於亮營，三投再還，往大還小，俄而亮卒。」以及習鑿齒《漢晉春秋》中〈江州鳥〉所載：「蜀後主建興九年十月，江陽至江州，有鳥從江南飛渡至江北，不能達，墮水死者以千數。」皆將天候與動物奇怪異象，與諸葛亮的人事行爲，兩相比附起來，詮釋其間的密切關聯，用來表示諸葛亮乃「將星」的化身。〔註67〕

這種孔明與「將星」結合的說法，在啓示玄機院也可以發現，石朝圳說：

根據《明聖經》註解，孔明先師本來是天上廣彗星。化身轉世而來。首次轉世：前朝東漢光武帝時代之嚴子陵，節高而經綸未顯。二次轉世：此生謂三國時生爲孔明，即諸葛武侯名亮，道號稱臥龍，智高功多而忠義昭明。三次轉世：武侯歸神後，於宋朝再生爲朱文公，名熹，號晦翁。稱柏盧，掌白鹿洞書院，刪書解註、修史。主張三國以蜀爲正統，爲天下之儒宗。前後降生三次，皆爲國家帝王之輔

〔註65〕張谷良：《諸葛民間造型之研究》（花蓮：東華大學中國語文學系博士論文，2006年），頁133。
〔註66〕同前註，頁133。
〔註67〕同註65，頁134。

相，功績昭彰，是配享文廟，永不再下凡塵轉世。〔註68〕

　　這是根據《桃園明聖經》的記載，以「廣彗星」與諸葛孔明生世結合，以提高其不凡的特質，再以佛教轉世說法，言孔明經過三次轉世，分別是嚴子陵、孔明、朱熹，增添神秘，由轉世的身分觀之，實是提高孔明神聖地位的表現，此即爲之神化。並且，孔明成爲神明，也需納入神明組織，廟方的經典如是記載：

> 名高望重，鬼服神欽。位列天樞上相，身爲金闕功臣。功參造化，德配乾坤。佐玉帝整備三曹，體天行道；憫蒼生胥淪末劫，闡教飛鸞。護朝衛國，覺世牖民。大忠大孝，至剛至仁。
>
> 天樞上相、諸葛亮先師加封金闕忠武天尊。〔註69〕

　　此即孔明列入神明組織中，稱爲：「天樞上相諸葛亮先師」，並且得到加封，封爲：「金闕忠武神尊」，此皆讓孔明更加神格化。

三、開山聖王

　　開山聖王是由開拓的先民神化而成，是人死後成神的典型，其神化的描述較少，沒有託附星辰、聖靈轉世之說，也沒有生前神異能力的表現。因此可以發現其生前的神化較少，因爲開山公實是一般凡人，其成神的主要原因，是其對開墾事業有貢獻，而被信眾立廟祀之。所以，信眾述其神蹟，主要是側重在其爲神之後的神力表現。

> 因時常顯靈，治邪收妖，功德無量；如被偷禽畜，未至廟前，即瘋狂奔回；強盜犯者，永受責備，驚服避之。昔日有七品縣官爲久積大案來求，後得破案，保其平安，縣官隨帶文武百官前來拜謝，謝曰：「開山聖王，眞正靈感，吾等應『文官下轎，武官下馬。』以禮敬之。」〔註70〕

　　此即信眾透過顯化事蹟來增添其神性，並且也借助官員的歌頌，如：「文官下轎，武官下馬。」皆在強調其神力靈驗，此即神化的表現。

〔註68〕石朝圳：《啓示玄機院簡介暨諸葛武侯傳記》（南投：啓示玄機院孔明廟管理委員會、天下第一軍師台疆地區孔明會，2001年），頁1。
〔註69〕台灣啓示玄機院孔明廟：《天樞上相諸葛先師啓化眞經》（南投：啓示玄機院孔明廟管理委員會），頁8。
〔註70〕鹿谷永隆開山廟管理委員會：〈開山廟〉（南投：鹿谷永隆開山廟管理委員會）。

第四節　神界組織與寺廟文化

一、神界組織與職務

神話與祭祀的出現有相似的背景：

> 原始社會生產力水平十分低下，面對難以捉摸和控制的自然界，人們不由自主地會產生一種神秘和敬畏的感情，而一些特殊的災害性的自然現象，如地震、洪水，還有人類自身的生老病死等等，尤其引起驚奇和恐慌。人們由此幻想出世界上存在著種種超自然的神靈和魔力，並對之加以膜拜，自然在一定程度上被神化了，神話也就由此產生。〔註71〕

上述文中提及人們有膜拜的行為，此即為祭祀的行為。被神化的超自然現象則促使神話的產生。因此神話與祭祀皆因人們無法理解的現象而出現，兩者皆是原始時代人類敬畏不可知之力量的表現。古人在人類的世界中出現無法解釋的現象，即以「萬物有靈」做為解釋，將「靈魂」觀念加諸於此無法解釋的力量上而產生諸神的信仰。除了人類生活的世界外，普遍認同還有另外世界的存在。此種想法，是以「人」為本位而產生的觀念，所以與人界相對之下而有其他世界。古代的神話也描寫不同世界的存在，神話中的宇宙空間概念有水平三界與垂直三界。水平三界是西、中、東三界，分別是神界、人界與仙界。垂直三界則是天上、地上、地下，分別是神界、人界與鬼界。〔註72〕

道教的神明也具有分界的觀念，即分為神界（神）、陽界（人）、陰界（鬼），此與神話宇宙垂直三界的分法相似，兩者皆以空間作為區分。道教「神明世界」受到神話垂直宇宙觀的影響，並且加入階級思想而使道教神明產生組織系統，例如神界的神，例如玉皇大帝，掌管範圍大；陽界的神明，掌管人間的各項事務；陰界的神明，鬼為其掌管對象，陰陽兩界的神明皆隸屬於玉皇大帝之下。信眾為了讓神明職司更加具體，於是做一組織分類並有文、武職司之分，如下圖：

〔註71〕袁行霈主編：《中國文學史‧上冊》（台北：五南圖書出版股份有限公司，2002年），頁46。

〔註72〕閆德亮：《中國古代神話的文化觀照》（北京：人民出版社，2008年），頁68～71。

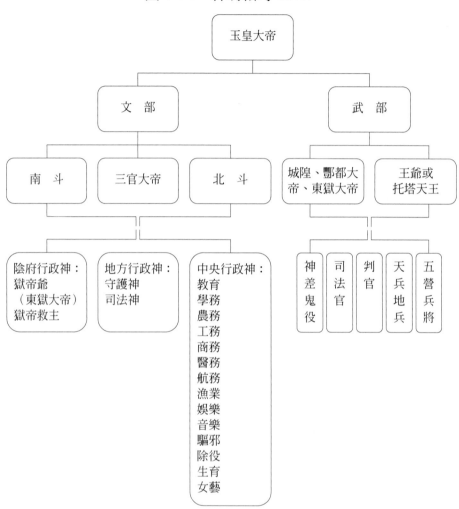

圖 4-4-1：神明職司〔註 73〕

此神明組織系統是以較常見的神明爲代表，並未包含全部的道教神明。此表說明神明的世界中有階級及職務之分，表現其「階級概念」。但各自是分屬於神、陽、陰界的「空間概念」卻不很清楚，以此表分析之則玉皇大帝、北斗星君、南斗星君、三官大帝屬於神界的神；王爺與托塔天王以及地方行政神、中央行政神屬於陽界的神；城隍、酆都大帝、東獄大帝及陰府行政神

〔註 73〕 參閱王朝賜：《新化地區陰廟鬼神崇拜研究》（台南：台南大學台灣文化研究所碩士論文，2005 年），頁 89。及辜秋萍：《基隆市陰廟神格化現象之研究——以八斗子地區爲例》（雲林：雲林科技大學文化資產維護系碩士論文，2007 年），頁 22。

屬於陰界的神。神明職司系統應在神明創造之後而出現，由後世信眾加以整理，因此神職系統也受人的思想影響，所以其職司系統就類似於人間的政府組織系統。

　　神明職司反映出信眾重視神明階級與功能的表現。體現在寺廟的文化上，則可由建築規模來辨識神明位階的高低。一般而言，高階的神明其建築規模較爲完整且宏大：

> 興建寺廟要請勘輿專家看風水、定方位，並按主祀神的神格等級決定規模的大小。等級越高的神明在格局上可以享用正南座向的廟、擁有較多的廟門、配置較多的殿宇及較高敞的空間。〔註74〕

又：

> 民間傳統觀念中，格局往往象徵著主神神格的高低，或主神信仰在信眾心目中的地位，因此，早年在台灣主神神格愈高或香火愈盛的廟宇，其建築格局往往也愈形完整而宏大。……由於傳統建築也十分講究建築組群的縱身「進」數，愈多進的廟宇其等級也愈高。〔註75〕

　　上述二段文中的「神格」即指神明的階級。因爲階級的不同，影響廟宇的建築規模，從方位、廟門的數量、殿宇的多寡，空間的寬窄、縱身的「進」數皆可判別一間廟宇其主祀神明的位階高低。

　　從祀情形亦可分辨神明的位階的高低。廟宇需顧慮主祀神明的階級來安排其他神明的位置，主祀神明安排在中間，其從祀、配祀、同祀的神明依照位階而分配位置，較低階的神明安排在虎邊，較高階的神明安排在龍邊。較低階的主祀神明，其建築較少分殿，同祀的神明自然也少，相對之下，較高階的主祀神明，因爲建築享有較多的分殿同祀的神明就較多。

　　神明位階的高低除了有一定的系統外，信眾也有決定力量，當神明的香火旺盛時，其位階有可能出現提升的情形，例如陰廟提升爲陽廟，本文中的開山廟，就屬於此種情形。位階的提升也可能表現在從祀、配祀神明的數量上，例如土地公廟，一般信眾認爲其位階較低，然而其香火鼎盛時，則可能配祀有土地媽及神明坐騎虎爺。

〔註74〕 李乾朗、俞怡萍合著：《古蹟入門》（台北：遠流，1999 年），頁 28。
〔註75〕 謝宗榮：《台灣傳統宗教文化》（台中市：晨星出版有限公司，2003 年），頁 155～156。

二、祭祀之禮

　　祭祀是人類表達對神明的敬意，祈求願望的表現，通過祭祀科儀、法會等的方式達成。祭與祀原本各有意義，「祭」是用手將祭品奉獻鬼神的行爲；「祀」是祭的行爲應持續不停，祭祀即表示對鬼神的崇拜。祭祀需要祭禮來完成，徐福全認爲祭祀的禮有三個要素，一爲「禮器」：

> 就祭禮而言，古代所須使用的祭器有鼎、匕、俎、爵、尊、角、壺、簠、豆、簋、籩、敦等，而牛、羊、豬、腊、魚、黍、稷、稻、粱、酒、水等祭品也包含在內，甚至連參與祭祀者所穿的服裝也可以說是廣義的禮器。後世祭祀之常見禮器，有金、香、燭、炮、全豬、全羊、五牲或三牲、菜餚、酒水、粿類等。行禮時便是藉著這些器物的陳列擺設，利用具體的東西而將抽象的意念導引出來，使行禮者及觀禮者能從這些器物所架構出來的情境中，體會出行禮的功能或目的。〔註76〕

　　上文所寫的禮器呈現古今的差異，但基本需求是相似的，例如盛裝祭品的器具、祭祀用的法器、祭祀著之服裝、各種祭品等，在祭祀中皆有其用途。現代信眾到寺廟祭祀，常用到的禮器是金紙跟香。金紙也因爲祀神的位階不同而有分別，常用的金紙如下表：

表 4-4-2：金紙功能表〔註77〕

名　稱	意義與特色	用途及用法
頂極金	所有金紙類中最爲高級。在金箔書寫有紅色「叩答恩光」字樣。	在玉皇大帝誕辰（天公生）時燒用，必以二份合拜，稱爲「足百」，以示最高敬意。
太極金	又名「財子壽金」，台灣北部則稱「大百金壽金」。上印有三尊神像。與頂極金都分爲九寸、尺一、尺二（南部稱二刈、三刈、四刈），金箔則分四寸、七寸見方。	用於祭拜玉皇大帝、三官大帝（三界公）。
天金	以往均繪有木尺圖案，其形式約五寸四方，當中黏一寸五分旳金箔。	用於祭拜玉皇大帝或三官大帝。平時祭拜則只有「改運」時才會使用。

〔註76〕徐福全：《台灣民間祭祀禮儀》（台北：飛燕印刷有限公司，1996 年），頁 13。
〔註77〕同前註，頁 28～34。

壽金	過去的壽金是黏貼一「壽」字金箔，今則黏福祿壽三神之金箔。其尺寸可分大箔、小箔，或再分爲大花、小花壽金。一般來說，大者爲六乘四寸，金箔一寸五見方；小者五乘三點五寸，金箔一寸四見方。	用於祭拜一般神佛或祈求許願時。
福金	又稱「土地公金」。有大箔福金、小箔福金二種，大、小箔福金之紙爲二寸四方，大箔福金黏貼金箔八分四方，小箔福金則是四分四方。	用於祭拜福德正神、司財寶之神、諸神。
中金	又稱「中仔金」。尺寸爲三乘四寸，箔九分見方。	一般用於「謝外方」，即魑魅魍魎等燒用，也用於祭拜神佛（多爲與山水郊野有關的神明）
刈金	與壽金一樣普遍被使用的金紙。可分大箔刈金、中箔刈金。	用於祭拜一般神祇。
盆金	其形制爲一尺三寸見方，紙上滿釘針孔線樣。	用於答謝神明（多半敬獻玉皇大帝，其他神明則少用之）。
九金	與壽金同屬一類。	用於答謝神明（任何神明皆可燒用之）。

　　金紙是信眾對神明表達祈願、答謝之意而使用，各寺廟通常都備有金香，信眾亦可在外部相關商店購買，金紙種類繁多，配合信眾的需求來製造，像是在紫南宮，信眾購買金紙時可以選擇求正財或偏財的金紙來祭拜。

　　常用的禮器之二是香。香的目的是用來請神明降至，是一種人與神的溝通，類似現代的通訊設備，徐福全說：

> 焚香降神，是我國古代祭禮中的重要儀式，《尚書》云：「至治馨香，感于神明。」藉著其裊裊輕煙、明光火苗與撲鼻馨芬之冉冉上升來上通神明，使神循香而至，達到祝告天地、祈祥納福、人神交融之目的。……香的功能由祭神而擴充爲具有避邪、去鬼、返魂、逐疫、保健等功用。降至今日，民間仍認爲香具有通神、辟邪的作用。〔註78〕

　　此處即指出香的多種功能，而最主要的即是「通神」的作用，至今此祭祀行爲仍在延續。香的種類如下表：

〔註78〕徐福全：《台灣民間祭祀禮儀》（台北：飛燕印刷有限公司，1996年），頁35。

表 4-4-3：香的種類表 〔註 79〕

名　稱	特　　　　　色
線香	1. 以尺寸可分： 　(1) 束仔香：有一尺五分、一尺一寸、一尺二寸、一尺三寸、一尺四寸和一尺 　　　六寸等數種，其一束爲半斤，即香鋪所稱之束仔香，是個人祭拜所用。 　(2) 貢香：有二尺、二尺二寸，其一束爲一斤，多爲寺廟祭祀神明所用。近年 　　　所製貢香形狀皆很粗，燃燒時間較長，便於隨香之用。 2. 以形式可分： 　(1) 硬腳香：多用於祭祀神佛。 　(2) 軟腳香：即無腳香，過去爲祭幽鬼時所用；今亦用於祭拜祖先。 3. 以香料可分： 　(1) 長壽香 　(2) 烏沉香 　(3) 白萊香 　(4) 上桃香 　(5) 中桃香
香環	又稱盤香。其形狀像回字型圓圈，由外繞到內，每圈之間或綁小紅線防折斷，是爲了延長燃燒時間來象徵「生生不滅，循環不息」。有大小二種之分，小者可燃燒整天十二時辰，大者可燒二週或持續一個月。因其燃點時間長，故多供於廟中或佛堂。
香塔	有「驅邪治病」之意。其燃燒時間與香環相同。
香珠	每串有一百零八顆，代表具有三十六天罡和七十二地煞之結合，能夠驅邪避煞。可配戴在手上，又因其原料爲中藥，也可供信眾取服。
五彩香、香水香、涼香	爲現代民俗產物，是將傳統的線相加以變化：加入五彩色紙，使其光彩奪目；或加入化學原料，成爲香氣四溢的香水香；或添入薄荷，則成爲清香涼快的涼香。

除了禮器之外，祭祀還需第二要素「禮文」：

> 即行禮的儀節動作，行禮者從開始到結束，這中間的前進後退、左
> 還右轉、揖讓跪拜、舉手投足，均須按照既定的動作去做；最初設
> 計這些動作時，便是希望藉這些動作幫助行禮者或觀禮者，在這動
> 靜周旋之間感悟到行禮的意義何在。〔註80〕

禮文即是祭祀的科儀，執禮者一般由道士、法師及乩童來擔任，是祭祀
中與神佛溝通的重要神媒，他們參與各項祭祀活動，例如建醮、安厝、祈福

〔註79〕 參閱徐福全：《台灣民間祭祀禮儀》（台北：飛燕印刷有限公司，1996 年），頁
　　　　36～38。
〔註80〕 徐福全：《台灣民間祭祀禮儀》（台北：飛燕印刷有限公司，1996 年），頁 13。

等等。法師與乩童施法內容分為「公事」與「濟世」兩類，「公事」包含請
壇、安放及召回五營神將並犒軍、操營隔界、造橋過限、遶境、捉妖、煮油
過火。「濟世」包含落地府（又稱下地府）、進花園（又稱栽花換斗）、脫身、
討嗣、調解前世冤仇、安厝、畫符、派藥。〔註 81〕他們需要通過學習各種科
儀動作及修行活動，例如打金鼓、練步法、念咒語、畫符、學指法、學習操
劍、操刺球、插臂針、睡刀床、學習「召營」、「操營隔界」、「造橋」、「犒
軍」、「入火」、「安厝」等法術。〔註 82〕他們祭祀中所執行的科儀就是禮文。

祭祀第三個要素為「禮義」：

> 這是一種抽象的概念，乃行禮之目的，也就是舉行這項禮節所能或
> 所期望達成的功能，為禮的三要素中最重要的一項。

禮義可說是祭祀的精神所在，有其重要性。祭祀的精神，因信眾所求而
有不同的禮義，例如祭拜祖先的禮義應在於表達追思、報本反始、慎終追遠
等精神，若不知其精神則裡只剩形式而已。而寺廟祭祀活動也有其禮義，即
是表達尊敬之精神，禮義的存在才使祭祀有意義。

三、祭祀意涵

從神明職司表中的職務中，除了有空間概念與階級概念外，還可知幾項
特點：一為多神信仰；二為多元功能。多神信仰來自於人類相信萬物有靈的
觀點，進而產生泛靈崇拜，演變至今，神明愈來愈多，現今南投縣內，道教
神明多達 60 多種，而每一神明有其專精的職務，因此眾多神明下其祭祀功能
也多元化，此二特點，恰是信眾心中渴求的願望之表現。

信眾心中所渴求的願望，總的來說就是對幸福的追求。使人生幸福的元
素相當多，在生存方面，人類對平安、健康、財富相當重視，是信眾到寺廟
中最常祈求的願望，而祈福活動則可滿足信眾對願望的追求。寺廟的建立除
了崇德報功、緬懷德澤等目的之外，重要的就在於滿足信眾對幸福的渴求，
而為了成就這些願望，就需藉由祭祀科儀、法會等相關的事務來運行。

寺廟的祈福活動相當多，廟宇常有「建醮」、「遶境」、「法會」等大型的
祭典活動，活動的目的在於祈福消災。以建醮而言，以平安醮、福醮、慶成
醮為常見的建醮類型。平安醮是一種以聚落為主要的參與對象，並且定期性

〔註81〕 黃有興：《澎湖的民間信仰》（台北：臺原出版，1992 年），頁 101～118。
〔註82〕 同前註，頁 91～95。

的舉辦；慶成醮是慶祝廟宇建築的落成，於重建或新建的落成後舉辦；福醮也稱爲清醮，是地方上的公廟舉行，目的是爲信眾祈福，有時會與慶成醮合併舉行稱爲「慶成福醮」。〔註83〕以鳳凰山寺爲例，此廟宇即訂定每二十四年定期舉行大型建醮活動，以求當地聚落的平安。祭典名稱爲「鳳凰山寺祈安三獻清醮」，在丙子年（民國八十五年）舉行，廟宇認爲「清醮」的目的是用來祈求上蒼賜福於民，並且祈求合境平安與超祖之祈福儀式〔註84〕：

> 本次丙子年鳳凰山寺循古舉行祈安三獻清醮，目的乃在祈求風調雨
> 順、國泰民安，及慰祭護國死難英靈，並超度孤魂藉此虔誠祈求上
> 蒼賜福，倡導人人向善，以造福地方社會。〔註85〕

參加的對象是鳳凰、永隆兩村聚落的信眾，活動從「稟告上蒼」至「送神」長達45天，是大型的法會祭典祈福活動。其它法會祭典除了建醮之外，尚有祈福法會、超渡法會。祈福法會例如禮斗法會、祭解法會；超渡法會例如中元普渡法會等〔註86〕。禮斗法會是常見的一種祈福活動：

> 禮斗法會的儀式內容以禮拜「南、北斗」爲主，廟宇爲民眾在廟壇
> 準備「斗燈座」，點燈以禮拜南北斗星君。南、北斗原爲古代的一種
> 星辰信仰，在漢人社會中歷史悠久，民間相信「南斗注生、北斗注
> 死」，故禮拜南斗以祈求延壽，禮拜北斗以祈求解厄。〔註87〕

此文敘述了禮斗法會即是一種消災解厄祈福的儀式。各廟重視這樣的祈福活動，例如農曆年時會有安奉太歲等燈的儀式，農曆初一、十五日則舉行誦經以消災解厄。以安太歲燈而言，受天宮、紫南宮、靈德廟、鳳凰山寺、孔明廟，這些屬於陽廟的廟宇皆有這項儀式，且多半在農曆春節期間受理信眾的登記來安燈。誦經活動則受天宮、紫南宮、靈德廟、鳳凰山寺、孔明廟及開山廟皆有舉行。誦讀經文在佛教、道教皆重視，誦經活動配合各種廟慶、祈福法會、神明聖誕、祈安普渡、酬神等來進行。〔註88〕經文的內容包含教化意涵：

〔註83〕 謝宗榮：《台灣傳統宗教文化》（台中市：晨星出版有限公司，2003年），頁201～202。
〔註84〕 鳳凰永隆村志編輯委員會：《鳳凰永隆村志》（南投：南投縣鹿谷鄉鳳凰國民小學，2001年），頁317。
〔註85〕 同前註，頁317。
〔註86〕 同註83，頁205。
〔註87〕 同註83，頁205。
〔註88〕 同註84，頁340～341。

專爲宏揚宗教教義，並宣導孔孟思想，提倡固有倫理道德，喚起民
眾互諒、互愛、互信、互助之精神，融入周禮祭孔文化傳承「祭神
如神在」之典範，意在淨化人心——不貪、不取。其經典與音韻，
能修身養性，能增進宗教知識，改善社會風氣；亦能促進信眾懇
親、互助，實行守相助，達到社會祥和。〔註89〕

此文說明經文對持誦者而言有教化功用，對信眾則有另一種功用即是消
災解厄，因此誦經變成了祈福活動不可或缺的一件事情，例如靈德廟在農曆
每月初一，接受信眾登記，以誦經儀式幫助信眾消災解厄，來求得上蒼賜福，
即是認同誦經禮懺、持誦消災吉祥等神咒，可以爲信眾求得消災、解厄、添
福、補運等功用。

遶境也是祈求平安的祭典活動。遶境通常在神明誕辰期間舉行，舉行的
地區範圍有時是村落，有時會擴大到鄉鎮，目的在於通過神明的遊境及一連
串的祈福儀式來產生保境安民的功用。能舉行遶境的神明因位階而有所限
制，位階較低或者陰廟類型的廟宇則沒有此項活動。

祈福活動除了以平安爲最多的信眾追求目的外，財富亦佔相當多數。財
神種類相當多，最普遍的是福德正神，紫南宮所供奉的福德正神即被視爲財
神，廟宇以金雞作爲招財物，制定許多關於求財的祈福活動，其他廟宇則例
如用金龜作爲招財物，紫南宮除了招財物外還有發財金可供信眾求取。開發
智慧也爲信眾所追求，啓示玄機院崇拜孔明的智慧，因此發展出爲信眾開發
智慧的儀式，廟方稱之爲「開智慧」，開智慧包含開發智慧儀式、喝智慧水及
領取智慧卡。祈福活動的內容與人們追求幸福的目的有關，而幸福元素相當
多，因此祭祀的功能也多元化。

祈福活動中，讓信眾認爲能帶來福氣事物常有一層象徵意義，即某一種
事物具有某種吉祥象徵。以平安而言，廟宇提供平安米、平安餐、平安米
糕，這些是人類食物，經由祭祀後，賦予平安象徵。穀物在古代即被視爲吉
祥物：

五穀豐收源於穀物本身的繁殖，所以穀物本身就是古人信奉的吉祥
物。〔註90〕

〔註89〕 鳳凰永隆村志編輯委員會：《鳳凰永隆村志》（南投：南投縣鹿谷鄉鳳凰國民
小學，2001 年），頁 340～341。

〔註90〕 向柏松：《神話與民間信仰研究》（北京：人民出版社，2010 年），頁 265。

　　穀物是一種吉祥物，被廟宇經常用來提供給信眾，以生米，或者準備餐食讓信眾分享。此外，廟宇提供的各種事物的造型也具有象徵意義，此處以雞、龜、桃來說明。雞在紫南宮中受到相當高的重視，其所呈現的象徵意涵有很多，莊伯和說：

> 《韓詩外傳》：「田饒謂哀公曰：『君獨不見夫雞乎？首戴冠者，文也；足距者，武也；敵在前敢鬥者，勇也；得食相告，仁也；守夜不失時，信也。雞有此五德』」雞之神聖性由此可知。〔註91〕

　　此以觀察雞的特性與人的德性作結合，即文、武、勇、仁、信，這種神聖性使其得到人們尊重。其日照則鳴，且不畏敵人驍勇善戰，因此衍生出其辟邪的作用。雞的身體部位也常有象徵意義，例如雞冠象徵加官晉爵意義，而紫南宮運用雞的身體部位來顯示象徵意涵，其有一俚語爲「貼雞胸，乎你家和萬事興！貼翅膀，乎你取好某！貼雞尾，乎你賺家伙！貼尻川斗，乎你才高八斗！貼金雞卵；貼圓圓，乎你賺大錢！金雞貼透透，福運攏總到！」此處用到了雞的胸部、翅膀、尾巴、屁股、雞蛋，與人類認爲幸福的事情作結合，而有了多種象徵，例如起家、嫁娶好人家、賺進財富、聰明才智等，皆是呈現出人類幸福的渴望。

　　龜也被廟宇常用，例如米龜、麵龜、餅乾麵線龜，這些是用各種不同食物材料來製作，並以龜的形狀來呈現。廟宇提供的招財物中，以黃金做成的金龜也很普遍，紫南宮、鳳凰山寺、開山廟皆有製作此類型的招財物。龜有長壽及靈獸的意涵，因此作爲吉祥的象徵。謝宗榮說：

> 龜在傳統中國文化中是「四靈獸」之一，也是長壽的象徵，民間在敬神、婚禮、祝壽等喜慶時都喜歡用各類食材作成龜，以增加吉祥的氣氛；依其材料不同而有米龜（紅龜粿）、麵龜、麵線龜、雞蛋糕龜，甚至以錢幣作成的金錢龜、以黃金打製的金龜等。〔註92〕

　　上文可見龜的吉祥象徵已深植信眾心中。另外桃也有象徵長壽的吉祥意涵，向柏松說：

> 桃是果實最有代表性的長壽吉祥物。古人以爲食桃可以延年益壽。……桃主長壽的觀念的產生，與人類早期的採集經濟有關。在

〔註91〕莊伯和：《台灣民間吉祥圖案》（台北：傳統中心籌備處，2001 年），頁 57。

〔註92〕謝宗榮：《台灣傳統宗教文化》（台中市：晨星出版有限公司，2003 年），頁 219～220。

採集經濟時代，植物的果實爲初民賴以生存的主要食物之一。……
桃樹遍佈中華大地，桃實肉厚可飽腹，當爲初民常用塡復果實，至
今民間仍有「桃飽黍飢」之說，即可爲證，當初民以桃爲主食的生
活作爲一種記憶傳至後世並經神秘化之後，便產生了桃主長壽的觀
念，桃成了延年益壽的吉祥物。〔註93〕

　　上文可知桃從人類賴以維生的一種果物漸演變爲長壽象徵與「神秘化」
有關係，此即神話故事的影響。然而桃也曾被視爲下果，在祭祀時不得使用
的祭品。〔註94〕雖然如此，民間還是比較接受桃能帶來長壽的吉祥物的觀念，
在受天宮就以桃作爲一種吉祥象徵，在元宵節時製作米糕，並以桃的形狀呈
現，即取其吉祥意涵，莊伯和說：

可稱爲中國的聖果，古人迷信桃木乃西方之木，爲五木之精，味辛
氣惡，代表陽氣，使陰氣百鬼畏懼。桃果不僅可吃，且被提升至神
聖、理想境界，發展爲吉祥果，表長壽、子福、辟邪，處處有其裝
飾圖形，像以前的招牌就常作桃形，吉祥畫之「麻姑獻壽」、「東方
朔盜桃」都表示祝壽。〔註95〕

　　由此可知，桃因其果可食，桃木辛味氣惡，又經神話故事的神秘化，使
其有長壽、辟邪等吉祥的意涵，受到廟宇、信眾的喜愛。

　　除了上述具有吉祥象徵的吉祥物外，在寺廟中最常見的吉祥象徵還有
「燈」。本文研究的廟宇，除了開山廟外，各廟宇都有「點燈」的服務。佛、
道對於光明都有崇敬的心態。佛教認爲人有五蘊，此是因爲「自我」在「無
明」覆蓋的情況下，意志被「欲」驅使，而再生出「五蘊」〔註96〕，佛教對
於消除「無明」，以「覺」來喚醒被「無明」覆蓋的自我，「覺」而能「不迷」，
「自我」能「覺」則能解脫。〔註97〕因此「無明」的相反是「明覺」，這種觀
念可以表示佛教對於「明」的一種追求。「明」具有光亮的意思，因此在佛教
也重視「燈」，因爲其能帶來光明，在佛教寺廟即常有燃燈供佛的儀式，例如

〔註93〕　向柏松：《神話與民間信仰研究》（北京：人民出版社，2010 年），頁 272～
　　　　273。
〔註94〕　莊伯和：《台灣民間吉祥圖案》（台北：傳統中心籌備處，2001 年），頁 85～
　　　　87。
〔註95〕　同前註，頁 85～87。
〔註96〕　「蘊」，即指構成生命之「色、受、想、行、識」等。參見勞思光：《新編中
　　　　國哲學史（二）》（台北：三民書局，2007 年），頁 197～198。
〔註97〕　勞思光：《新編中國哲學史（二）》（台北：三民書局，2007 年），頁 198。

西藏佛教寺廟總有一盞盞點燃的酥油燈。

在道家也重視光明，如老子所言「見常曰明，守柔曰強。用其光，復歸其明，毋遺身殃，是謂襲常」〔註98〕，這是道家對於自我修行的種智慧展現，在啓示玄機院也運用此種觀念，其廟方所製作的「智慧卡」的兩儀圖運用紅、黑二色，廟方認爲紅色那一面即表示光明意義。在道教有許多關於燈的儀式，例如在《道藏》中有〈玉皇十七慈光燈儀〉、〈上清十一大曜燈儀〉、〈南斗延壽燈儀〉、〈北斗七星燈儀〉、〈北斗本命延壽燈儀〉、〈三官燈儀〉、〈玄帝燈儀〉、〈九天三茅司命仙燈儀〉、〈萬靈燈儀〉、〈五頭靈觀大帝燈儀〉、〈土司燈儀〉、〈東廚司命燈儀〉、〈正一溫司辟毒神燈儀〉、〈離明瑞象燈儀〉、〈黃籙九陽梵炁燈儀〉、〈黃籙九厄燈儀〉、〈黃籙破獄燈儀〉、〈黃籙五苦輪燈儀〉等，足以見得道教對光明的重視。

在先秦古人即以燃燒木材來祭天，稱爲「燎祀」，以焚燒木材所產生的煙達到與天神溝通，後來古人認爲在夜晚焚燒木材的火照亮夜空可以取悅天神，而有「庭燎」，這些則可反映原始時代人類也重視光明。〔註99〕在華人的節慶中，元宵節就常用到燈火。

廟宇提供的「點燈」服務，皆是因「燈」具有吉祥的象徵意義。謝宗榮說：

> 點光明燈爲信眾在廟宇中點燈祈福的通稱，祈福內容有乞求功名、平安、財運、婚姻等不同的目的。佛教原意是在佛前加油點燈，祈求光明，故只有一盞，且不具明善信的名字；而民間俗信，每個在凡間的人在天庭上都有一個「元神」相對應，「燈」即是元神的象徵，因此爲了祈求來年一年的順利平安，信眾通常會在元宵前後到廟宇中點燈植福。〔註100〕

此即道出人們點燈也是對幸福的追求而產生的儀式。「燈」具有祈年、祈育、辟邪的象徵意義〔註101〕，例如燈火象徵光明，五穀豐收仰賴的元素之一即是太陽的光源，因此人們運用燈來有祈求五穀豐收，「燈」也有「丁」的象

〔註98〕原著李聃，梁海明譯注：《老子》（湖北：遠方出版社，2009年），頁91～92。

〔註99〕向柏松：《神話與民間信仰研究》（北京：人民出版社，2010年），頁257～259。

〔註100〕謝宗榮：《台灣傳統宗教文化》（台中市：晨星出版有限公司，2003年），頁223。

〔註101〕同前註，頁259～264。

徵意義，因此用來祈求人丁興旺，「燈」的燭火可以驅除不祥之氣以保平安，因此具有辟邪的意義，信眾用「燈」來祈福相當普遍。

第五章 結 論

　　本論文以南投的道教寺廟作為研究對象，其研究分析後可做以下結論：

　　第一，南投大多數寺廟的建立，與早期渡海來台的祖先有關。這些先民原本多居住在中國大陸沿海地區，其傳入的神明信仰及反映各個移民族群在南投的分布情形。早期南投寺廟的興盛與墾拓背景有關。當時來台的先民抵達多山地形的南投地區，墾拓的難度明顯較平地高，並且此地原本有族群生活，即今稱之原住民，多山地形及族群衝突使墾拓過程更加艱難，於是先民寄託於神佛力量。在渡海時，先民即以神佛力量作為寄託，隨身攜帶故鄉所奉祀的神明香火情形普遍。於抵台後的肯拓過程中，遇之種種艱難事情時，亦寄託於神佛力量。因墾拓的背景使得具有法力高強形象的神明備受尊崇，例如玄天上帝、慚愧祖師即是此類，因此這兩者信仰在南投非常興盛。由此可知，一信仰的發展與時空背景、地理因素、族群等因素有關。

　　第二，人類崇拜的對象大致可分為自然神與人鬼神。人類之所以有崇拜的思想產生，有幾個因素。首先是「萬物有靈」的觀念。人類相信除了自身的世界外還存在其他世界，那樣的世界擁有人類不知且無法控制的力量，並且可以決定人類的禍福，於是對所有萬物賦予靈魂。人類對深信萬物有靈，因其能夠影響人們的禍福，所以人類欲保全自身，於是崇拜萬物，發展出祭祀活動，希望透過對萬物的膜拜來減低災禍增加福分。二為「靈魂不滅」的思想觀念，人類認為萬物有靈魂，並且靈魂是不滅的。人類透過祭祀希望能夠使靈魂降福消災，因為靈魂可以持續影響人的禍福，所以要不斷的祭祀。因為崇拜及敬畏的心態，使得各種信仰、祭祀一直存在人類的生活中。

　　第三，從研究中發現，自然類的神祇，常會有人格化的現象；而人鬼成神者，則會經歷神化。不管是自然神的人格化或者是人鬼神的神化，皆是爲了滿足人類對神明世界的想像。神界可說是人類所想像的世界，於是神界與人界之間有許多相似的情形，因此神界一切行爲近乎於人間的生存方式，其神界與人界差別是神界把持著人們無法解釋及控制的力量，也就是具有「神力」。因爲神界近乎人間的生存方式於是自然神人格化，而神界是具有神力，於是人鬼成神必需具有神力而神化。

　　第四，神話既是人類創造，其中就有人文意義。神話的思維特徵有「以己觀物，以己感物」、「具體與形象思維」、「情感體驗」、「隱喻和象徵」〔註1〕，這些雖然是古人的思維，但這些思維特徵在現今仍然被廣泛應用，在寺廟文化中也反映出這些思維。以某個觀點想像另一世界那樣的世界就會受其觀點影響，因此以人爲本，以人的觀點思考神明世界時，神明世界就有存有諸多與人間類似的情況。這即是「以己觀物，以己感物」的思維。神明類似人間的情況會造成神明人格化，也影響神明的行爲模式。例如神界組織的出現，就是以人的觀點思考的結果。其神明組織有空間概念、階級概念，此就同人類的政府系統，這種類似於人間的系統，即是人類想像中的神明世界而產生。

　　第五，研究發現各廟方都重視廟宇的發展，例如希望廟宇本身的信仰能夠發揚光大，這是各廟方普遍抱持的理想目標。而爲了達成此種理想目標，現代的寺廟，其經營模式多有改革，出現類似企業經營的變化，例如設置寺廟管理委員會，在本文研究的廟宇中皆有成立此種組織，掌管廟方與信眾間所有大大小小的事務，並積極地拓展財源；或是成立財團法人組織，結合並運用廟方所拓展的財源，對社會能做更多的貢獻，例如因紫南宮而成立的「財團法人社寮文教基金會」；或是成立發揚共同信仰的社團，例如「南投縣陰那山慚愧祖師文化協進會」，這些組織的出現，使得廟宇的運作更有調理，並且也能夠使寺廟或信仰持續得到發展。

　　第六，觀光休閒是現代社會重要的事情之一，研究發現各廟宇也重視觀光休閒，因此在廟宇結合當地的觀光資源，對本身的發展更有助益，例如受天宮有茶香步道；紫南宮也有步道；靈德廟有竹山老街；鳳凰山寺有鳳凰谷

〔註1〕　袁行霈主編：《中國文學史・上冊》（台北：五南圖書出版股份有限公司，2002年），頁57～60。

鳥園、台大茶園，也設有單車及步道；啟示玄機院有澀水村的風光、日月潭國家風景區，開山廟有麒麟潭，廟宇與這些風景名勝結合利用，提升廟宇的觀光休閒價值。

　　總而言之，寺廟的祭祀活動相當多元，蘊含許多文化意涵，包括祭典儀式的傳承與演變，或者是祭祀的活動所呈現的傳統文化，或者是神明職能的多樣性而反映泛靈信仰的文化，以及寺廟的空間建築藝術、壁畫中的教化與歷史故事等等，皆非常豐富有價值。綜觀寺廟的祭典活動，無不在祈福消災，這當中信眾的思想就是對幸福的追求。受到萬物有靈的思想影響而使人類有泛靈崇拜的現象，成為多神多職能的情形，每個神明皆被人類賦予其專精的神力，而人類幸福元素多元，這些多神多職能恰能符合各信眾心中對幸福的渴求，因此多神信仰特色相當顯著。在各種儀式中，有許多象徵的應用，有許多事物通過象徵而有吉祥的意義，這種文化在寺廟建築、祭祀中保留並且傳承。

參考文獻

一、研究專著

1. 干寶:《搜神記(插圖本)》(萬卷出版公司(原遼寧畫報),2008年)。

2. 方立天編:《宗教社會科學·2008·第一輯》(北京:中國社會科學出版社,2007年)。

3. 王秋桂:《神話、信仰與儀式》(台北:稻鄉出版社,1996年)。

4. 王見川:《從僧侶到神明:定光古佛、法主公、普庵之研究》(桃園:財團法人圓光佛學研究所,2007年)。

5. 石朝圳:《啓示玄機院簡介暨諸葛武侯傳記》(南投:啓示玄機院孔明廟管理委員會、天下第一軍師台疆地區孔明會,2001年)。

6. 台灣啓示玄機院孔明廟:《天樞上相諸葛先師啓化眞經》(南投:啓示玄機院孔明廟管理委員會)。

7. 竹山靈德廟(城隍廟)管理委員會:《竹山靈德廟城隍尊神》(南投:竹山靈德廟(城隍廟)管理委員會)。

8. 向柏松:《神話與民間信仰研究》(北京:人民出版社,2010年)。

9. 汪鑑雄:《開山佑民——慚愧祖師的啓示》(南投:山川印刷有限公司,2009年)。

10. 汪毅夫:《客家民間信仰》(台北:水牛圖書,2006年)。

11. 呂宗力、欒保群編:《中國民間諸神·上冊》(台北:台灣學生,1991年)。

12. 李乾朗、俞怡萍合著:《古蹟入門》(台北:遠流,1999年)。

13. 李士淳:《陰那山志》(北京:中華書局,2006年)。

14. 李亦園:《田野圖像》(台北:立緒文化,1999年)。

15. 李昉編:《太平廣記(插圖本)》(瀋陽:萬卷出版公司(原遼寧畫報),2008年12月)。

16. 何喬遠：《閩書》（福州：福建人民出版社，1994年）。

17. 周碩勛：《潮州府志》（台北：成文出版社，1967年）。

18. 杜維明：《儒教》（上海：上海古籍出版社，2008年）。

19. 林修澈主持、台灣省政府文化處委託、政大民族系廟全記錄工作室：《廟全記錄——台灣省廟呈現出來的文化資產與生活意義調查篇》（台北：建華印書有限公司，1998年）。

20. 林修澈主持、台灣省政府文化處委託、政大民族系廟全記錄工作室：《廟全記錄——台灣省廟呈現出來的文化資產與生活意義研究篇》（台北：建華印書有限公司，1998年）。

21. 林朝棨：《南投縣志稿・南投縣地理志地形篇稿》（台北：成文出版社，1983年）。

22. 林文龍：《社寮三百年發展史》（南投：富順彩色製版、印刷有限公司，1996年）。

23. 林慶弧：《台灣民俗與文化》（台北：高立圖書有限公司，2009年）。

24. 林美容：《台灣民間信仰研究書目》（台北：中央研究院——民族學研究所，1997年）。

25. 房學嘉：《客家民俗》（廣州：華南理工大學出版社，2006年）。

26. 阿部正雄：《佛教》（上海：上海古籍出版社，2008年）。

27. 吳冠衡：《台北市寺廟神佛源流》（台北：北市民政局，2006年）。

28. 南投縣鹿谷鄉志編纂委員會等編輯：《鹿谷鄉志》（南投：投縣鹿谷鄉公所，2009年）。

29. 財團法人行天宮文教基金會編：《神聖空間的建構——行天宮台北本宮楹聯碑畫賞析》（台北：采泥藝術印刷股份有限公司，2000年）。

30. 袁行霈主編：《中國文學史・上冊》（台北：五南圖書出版股份有限公司，2002年）。

31. 郝鐵川：《灶王爺、土地爺、城隍爺：中國民間神研究》（上海：上海古籍出版社，2003年）。

32. 閆德亮：《中國古代神話的文化觀照》（北京：人民出版社，2008年）。

33. 徐福全：《台灣民間祭祀禮儀》（台北：飛燕印刷有限公司，1996年）。

34. 徐徹、陳泰雲：《中國俗神》（上海：上海科學技術文獻出版社，2010年）。

35. 莊伯和：《台灣民間吉祥圖案》（台北：傳統中心籌備處，2001年）。

36. 黃維惠編：《中國佛寺詩聯叢話》（台北：琦海出版社，1994年）。

37. 黃有興：《澎湖的民間信仰》（台北：臺原出版，1992年）。

38. 陳壽祺：《福建通志》（台北：華文書局，1968年）。

39. 陳進國:《隔岸觀火:泛台海區域的信仰生活》(廈門:廈門大學出版社,2008 年)。

40. 鹿谷永隆開山廟管理委員會:〈開山廟〉(南投:鹿谷永隆開山廟管理委員會)。

41. 常金倉:《周代禮俗研究》(台北:黑龍江人民出版社,2005 年)。

42. 張禹東:《宗教與社會——華僑華人宗教、民間信仰與區域宗教文化》(北京:社會科學文獻出版社,2008 年)。

43. 程曦譯:《近代中國人的宗教信仰——安慶的寺廟及其崇拜》(合肥:安徽大學出版社,2007 年 12 月)。

44. 葉春生:《嶺南民間文化》(廣州:廣東高等教育出版社,2000 年)。

45. 福建通志局:《福建通紀》(福建:福建通志局,1968 年)。

46. 勞思光:《新編中國哲學史(一)》(台北:三民書局,2004 年)。

47. 鈴木清一郎:《台灣舊慣習俗信仰》(台北:眾文圖書股份有限公司,1989 年)。

48. 溫仲和輯:《嘉應州志》(台北:成文出版社,1967 年)。

49. 鄭志明編:《宗教與文化》(台北:台灣學生,1990 年)。

50. 鄭志明:《中國意識與宗教》(台北:台灣學生書局,1993 年 2 月)。

51. 鄭志明:《台灣傳統信仰的鬼神崇拜》(台北:大元書局,2005 年 4 月)。

52. 劉向、蔡相煇:《台灣的王爺與媽祖》(台北:臺原出版社,1989 年)。

53. 劉歆編:《山海經(插圖本)》(瀋陽:萬卷出版公司(原遼寧畫報),2009 年 7 月)。

54. 劉笑敢:《道教》(上海:上海古籍出版社,2008 年)。

55. 劉還月:《台灣民俗田野手冊・行動導引卷》(台原,1991 年 7 月 15 日)。

56. 劉還月:《台灣民俗田野行動入門》(常民文化,1999 年 3 月)。

57. 鳳凰永隆村志編輯委員會:《鳳凰永隆村志》(南投:南投縣鹿谷鄉鳳凰國民小學,2001 年)。

58. 鳳凰山寺管理委員會:《鹿谷鳳凰山寺簡介》(南投:鳳凰山寺管理委員會)。

59. 謝宗榮:《台灣傳統宗教文化》(台中市:晨星出版有限公司,2003 年)。

60. 謝貴文:《高雄民間信仰與傳說故事論集》(高雄:秀威資訊,2009 年 11 月)。

二、期刊論文

1. 方北辰:〈《三國志・諸葛亮傳》札記〉,《成都大學學報(社會科學版)》,第 6 期(2006 年),頁 20～28。

2. 王志宇:〈台灣的無祀孤魂信仰新論──以竹山地區祠廟爲中心的探討〉,《逢甲人文社會學報》,第 6 期（2003 年 5 月）,頁 183～210。

3. 王志文、吳中杰:〈台灣慚愧祖師的信仰初探〉,收入於《全球客家地域學術研討會論文集》（臺北:臺灣師範大學地理系所,2003 年）,頁 106～123。

4. 王志宇:〈竹山地區的公廟──以玄天上帝與慚愧祖師信仰爲中心〉,《逢甲人文社會學報》,第 4 期（2002 年）,頁 183～210。

5. 李禎祥:〈陰林山祖師〉,《南投文獻》,第 38 期（1993 年）,頁 95～97。

6. 李志鴻:〈謙稱慚愧可作官箴──沙縣慚愧祖師生平簡略〉,《福建鄉土》,第 2 期（2002 年）,頁 15。

7. 李豐楙:〈從成人之道到成神之道──一個台灣民間信仰的結構性思考〉,《東方宗教研究》,第 4 期（1994 年）。

8. 林衡道,〈桃米坑祖師公廟──民國六十九年一月調查──〉,《臺灣文獻》,第 31 期第 2 卷（1980 年）,頁 120～122。

9. 林美容:〈台灣區域性祭典組織的社會空間與文化意涵〉,《人類學在台灣的發展:經濟研究篇》,中研院民族所（民國 88 年）,頁 69～88。

10. 林美容:〈由祭祀圈到信仰圈──台灣民間社會的地域構成與發展〉,《台灣史論文集》（1996 年）,頁 289～315。

11. 胡迺:〈田頭田尾土地公大大小小福德祠（下）〉,《臺聲》,第 10 期（2007 年）,頁 80～83。

12. 高麗珍:〈松柏嶺受天宮進香的時空律動〉,《思與言》,第 34 卷第 2 期（1996 年）,頁 235～253。

13. 高麗珍:〈淺談民俗宗教空間組織的形成過程──以松柏嶺受天宮玄天上帝祭祀活動爲例〉,《國立僑生大學先修班學報》,第 4 期（1996 年）,頁 241～290。

14. 陳萁慈:〈借問客從何處來:從廣東梅縣靈光寺到南投鹿谷鳳凰山寺〉,《文化視窗》,第 71 期（2005 年）,頁 94～97。

15. 黃琪惠:〈紫南宮老土地傳奇〉,《百世教育雜誌》,第 157 期（2004 年）,頁 100～103。

16. 黃丁盛:〈一心誠敬朝總廟──松柏嶺受天宮玄天上帝祭〉,《新活水》,第 10 期（2007 年）,頁 79。

17. 黃素眞:〈邊陲區域與「慚愧祖師」信仰──以林屺埔大坪頂地區爲例〉,《地理研究》,第 42 期（2005 年）,頁 73～103。

18. 黃榮洛:〈客家人移墾臺灣的守護神──三山國王和陰那山慚愧祖師〉,《客家雜誌》,第 18 期（1990）,頁 14～20。

19. 張志相:〈閩粵志書所見慚愧祖師寺廟與信仰探考〉,《逢甲人文社會學

報》，第 18 期（2009 年），頁 119～148。

20. 張志相：〈慚愧祖師生卒年、名號與本籍考論〉，《逢甲人文社會學報》，第 16 期（2008 年），頁 159～181。

21. 符麗平：〈天命觀與《三國演義》孔明形象塑造〉，《成都大學學報（社會科學版）》，第 6 期（2006 年），頁 53～56。

22. 賈征銘：〈玄天上帝的身份蛻變〉，《鄖陽師範高等專科學校學報》，第 3 期（2009 年），頁 9～14。

23. 楊華山、張全曉、王少儒：〈玄天上帝信仰與和諧社會建設學術研討會綜述〉，《鄖陽師範高等專科學校學報》，第 5 期（2007 年），頁 9～12。

24. 廖壬戊：〈鳳凰山寺〉，《臺灣月刊》，第 133 期（1994），頁 72～73。

25. 範學鋒、張全曉：〈玄帝信仰與明代《大嶽太和山志》〉，《鄖陽師範高等專科學校學報》，第 3 期（2009 年），頁 1～8。

26. 謝佳玲：〈南投縣慚愧祖師信仰的形成〉，《臺灣民俗藝術彙刊》，第 5 期（民國 98 年），頁 87～106。

27. 藍水木：〈南投縣名間鄉松柏嶺受天宮簡介〉，《臺灣文獻》，第 36 卷第 1 期（1985 年），頁 137～146。

三、學位論文

1. 王朝賜：《新化地區陰廟鬼神崇拜研究》（台南大學台灣文化研究所碩士論文，2005 年）。

2. 白雅蘋：《內埔鄉客家地區媽祖信仰之研究》（高雄師範大學客家文化研究所碩士論文，2007 年）。

3. 呂建鋒：《台北市大稻埕霞海城隍廟遶境之研究》（國立台北大學民俗藝術研究所碩士論文，2007 年）。

4. 林育慶：《一貫道入（求）道程序儀式之研究——以發一組崇德道場為中心》（華梵大學東方人文思想研究所碩士論文，2009 年）。

5. 林淯洲：《臺灣地區清水祖師信仰研究——以臺北、臺南地區為中心》（國立成功大學歷史語言研究所碩士論文，1993 年）。

6. 林怡資：《阮ê土地公：埔里土地公信仰研究》（暨南國際大學人類學研究所碩士論文，2008 年）。

7. 張谷良：《諸葛民間造型之研究》（東華大學中國語文學系博士論文，2006 年）。

8. 陳佩君：《六堆屏東內埔昌黎祠及其客家文化之研究》（國立雲林科技大學漢學資料整理研究所碩士論文，2007 年）。

9. 程美蓉：《從麥寮拱範宮遶境活動看信仰文化中人群的結合》（國立臺南大學鄉土文化研究所碩士論文，2001 年）。

10. 辜秋萍:《基隆市陰廟神格化現象之研究——以八斗子地區爲例》（雲林科技大學文化資產維護系碩士論文，2007 年）。

11. 辜神徹:《社群、傳說與神蹟：北臺灣落鼻祖師信仰之研究》（國立臺灣師範大學台灣文化及語言文學研究所碩士論文，2007 年）。

12. 葉鴻洲:《一個傳統農村家庭的人神關係》（國立東華大學族群關係與文化研究所碩士論文，2006 年）。

13. 謝佳玲:《從開山防蕃到保境安民——南投縣祖師信仰研究》（台北大學民俗藝術研究所碩士論文，2008 年）。

14. 鍾智誠:《清代嘉南地區玄天上帝信仰發展》（國立中正大學歷史所碩士論文，2005 年）。

15. 蘇進長:《遊客對文化觀光認知之研究——以台南孔廟文化園區爲例》（南華大學旅遊事業管理學研究所碩士論文，2004 年）。

附錄一、廟宇訪談紀錄表

壹、基本資料

一、時間：

二、地點：

三、廟名：

四、廟俗稱：

五、受訪者資料

    1. 姓名：

    2. 年齡：

    3. 職業：

    4. 性別：

    5. 居住地：

    6. 聯絡方式：

貳、內容

一、沿革

二、奉祀神明

三、信徒分佈

四、廟方組織、職責

    1. 神職人員

      （1）廟祝

      （2）乩身

　　　2. 管理委員會
　　　　　（1）成立時間
　　　　　（2）成員
　　　　　（3）會務討論內容
　　　　　（4）服務項目
　　　　　（5）收丁口錢
　　　　　（6）部落格、官網
　　　3. 與行政機關往來
　　　　　（1）曾否借爲選舉用地
　　　　　（2）曾否配合文化單位舉辦活動
　　　　　（3）有無意願活動
　五、提供參考資料
　　　1. 書面
　　　　　（1）廟方出版文物：廟方簡介、農民曆
　　　2. 影音
　　　　　（1）活動照片、影片
　　　　　（2）寺廟相關照片、影片
　六、祀典活動
　　　1. 神明生
　　　2. 千秋聖誕
　　　3. 香期
　　　4. 頭家爐主選出方式
　　　5. 特殊祭典活動
　　　6. 文化活動
　　　7. 廟會：進香：進香、刈香、掬火、參香
　　　8. 遶境
　　　9. 法會祭典
　　　10. 建醮
　　　11. 法會、普渡
　　　12. 習俗活動：乞龜、乞綵、安太歲、光明燈、犒軍
　七、神蹟顯現

八、寺廟文物

　　1. 鎮寺之寶

　　2. 匾額

　　3. 楹聯

　　4. 碑文

　　5. 運籤藥籤

九、寺廟建築

　　1. 寺廟建築格局、方位、風格

　　2. 建築組群規模

　　3. 寺廟建築藝術

　　4. 建築單體：「照牆」「山門（牌樓）」「前殿」「正殿」「拜殿」「偏殿」「後殿」「翼殿」「護龍」「鐘鼓樓」「戲台」「金亭」「附屬設施」（長壽俱樂部、活動中心、藝廊（文物館）、香客大樓、圖書館、鸞堂、功德堂、托兒所、慈善機構）

十、其他

附錄二、受天宮其他照片

太歲殿與誦經團

籤筒

附錄三、紫南宮其他照片

農曆年熱鬧場面

附錄四、靈德廟其他照片

藥籤與運籤

城隍尊神的眾部將

附錄五、鳳凰山寺其他照片

藥籤與運籤

南投縣陰那山慚愧祖師協進會理事聯席會

進香活動

附錄六、啓示玄機院其他照片

智慧卡

立體門神與籤詩、善書區

附錄七、開山廟其他照片

金亭與前殿

拜殿